华章IT
HZBOOKS | Information Technology

区块链技术丛书

BLOCKCHAIN IN ACTION
Key Technology and Case Analysis for Ethereum

区块链开发实战
以太坊关键技术与案例分析

吴寿鹤　冯翔　刘涛　周广益◎著

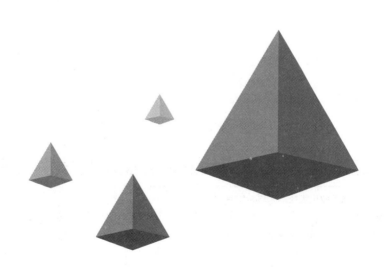

机械工业出版社
China Machine Press

图书在版编目（CIP）数据

区块链开发实战：以太坊关键技术与案例分析 / 吴寿鹤等著 . —北京：机械工业出版社，2018.5

（区块链技术丛书）

ISBN 978-7-111-59956-2

I. 区… II. 吴… III. 电子商务 – 支付方式 – 案例 IV. F713.361.3

中国版本图书馆 CIP 数据核字（2018）第 095174 号

区块链开发实战：以太坊关键技术与案例分析

出版发行：机械工业出版社（北京市西城区百万庄大街 22 号 邮政编码：100037）	
责任编辑：张锡鹏	责任校对：殷　虹
印　　刷：北京市兆成印刷有限责任公司	版　　次：2018 年 6 月第 1 版第 1 次印刷
开　　本：186mm×240mm　1/16	印　　张：15
书　　号：ISBN 978-7-111-59956-2	定　　价：69.00 元

凡购本书，如有缺页、倒页、脱页，由本社发行部调换

客服热线：（010）88379426　88361066　　　　投稿热线：（010）88379604

购书热线：（010）68326294　88379649　68995259　　读者信箱：hzit@hzbook.com

版权所有・侵权必究
封底无防伪标均为盗版
本书法律顾问：北京大成律师事务所　韩光 / 邹晓东

Preface 前言

为何写作本书

近年来区块链技术逐步占据各大技术类网站的头条，各种基于区块链特性的想法和创新层出不穷。这些繁荣是区块链技术在幕后默默支撑的，可是人们经常忽略区块链的技术而把投资、融资、保值等金融属性和区块链画上了等号。其实区块链本质上还是一门技术。区块链技术源于比特币，经过近几年的发展，已经超越比特币逐步形成一门单独的技术体系。目前区块链技术已经渗透到各行各业中，比如区块链技术同大数据、人工智能等技术产生了让人意想不到的化学反应。我们有理由相信区块链技术在未来一定会成为 IT 基础技术之一，成为每个 IT 技术人员必备的基础技能。

同时我们也可以看到区块链技术在国内外的发展非常迅速。在国外，IBM 发起了超级账本项目，并把超级账本项目的源码捐献给了 Linux 基金，借助社区的力量来发展。全球已经有将近 200 多个公司和组织加入了超级账本，成为超级账本项目的会员。当然其他巨头也随之跟进，微软早就和以太坊达成了战略合作协议。互联网巨头 Google、社交媒体行业的龙头 Facebook 等在区块链领域均有所布局。

但是在繁荣的背后我们也应该看到危机，目前区块链技术在实际项目中的应用还存在不少问题。我们认为出现这种情况是因为目前区块链技术的实用化还存在以下障碍：

- 技术新，学习资料匮乏。区块链技术是最近几年刚刚兴起的一门综合技术，目前资料特别是中文资料还是比较缺乏的。
- 技术种类多，有一定的学习成本。区块链是一门综合型的技术，如果把每个单项技术列出来学习并不难，但是当把这些技术组合起来之后学习难度就大大增加了。
- 可借鉴的成功案例少。由于区块链技术是一门比较新的技术，因此目前缺少比较成功的案例。即使诸如 IBM 等巨头开发了一些成功案例，但是由于各种各样的原因，目前并没有公开，这些都给广大技术人员学习区块链技术特别是把区块链技术应用到具体项目中造成了一定的障碍。

这些问题的存在是我们编写"区块链开发实战"系列图书的目的，第一批有两本书同时面世，分别是基于 Hyperledger Fabric 和以太坊进行区块链开发实战。我们希望读者通过这两本书，在了解区块链的基本概念和核心技术的同时，能够将区块链技术更多应用到具体的项目中，解决现有技术无法解决的一些行业痛点。

读者对象

这两本书都非常适合区块链开发工程师、区块链架构师、区块链技术爱好者阅读。

其中：

- Hyperledger Fabric 部分更适合对 Hyperledger Fabric 和比特币技术感兴趣的相关技术人员；
- 以太坊部分更适合以太坊爱好者、以太坊 DAPP 开发者、比特币开发者等。

主要内容

《区块链开发实战：Hyperledger Fabric 关键技术与案例分析》

这本书以 Hyperledger Fabric 和比特币这两个典型区块链技术平台的核心技术、开发方法和相关的项目案例为核心内容，此外，还提供了大量的命令脚本和代码示例供读者参考，力图使读者在最短的时间内掌握这两个平台的使用方法。

全书分为三个部分：

- 第一部分（第 1 ～ 2 章）：首先从基本认识的角度对区块链进行了宏观上的介绍，包括区块链技术的起源和演进过程、区块链核心技术及其特性、区块链技术的缺点和常见错误认识，以及区块链技术的应用领域和常见的技术框架；然后介绍了进行区块链开发需要掌握的技术和使用的工具。
- 第二部分（第 3 ～ 13 章）：主要讲解了 Hyperledger Fabric 的核心技术、原理、开发方法，以及多个项目案例。包括 Hyperledger 的全面介绍、Fabric 的技术特性和快速入门、Fabric 的核心模块和账号体系、Fabric 的智能合约和编程接口、Fabric 的系统架构与设计、Fabric 项目案例的开发流程和方法，以及几个综合性的案例，如区块链浏览器、供应链金融、食品溯源等。
- 第三部分（附录）：主要讲解了比特币的原理、运行方式、重要模块和编程接口，同时还讲解了一个比特币客户端的案例。

《区块链开发实战：以太坊关键技术与案例分析》

本书详细讲解了以太坊和比特币这两个典型的区块链技术平台的技术特性、原理、开发方法，同时也配有多个综合性的项目实例。

全书分为三个部分：

- 第一部分（第 1～2 章）：首先从基本认识的角度对区块链进行了宏观上的介绍，包括区块链技术的起源和演进过程、区块链核心技术及其特性、区块链技术的缺点和常见错误认识，以及区块链技术的应用领域和常见的技术框架；然后介绍了进行区块链开发需要掌握的技术和使用的工具。
- 第二部分（第 3～11 章）：主要讲解了以太坊的基本使用、技术特性、工作原理、开发方法和项目案例。首先介绍了以太坊的各种核心概念——编译、安装、运行，以及私有链的搭建和运行等基础内容；其次详细讲解了 Solidity 语法、Solidity IDE、Solidity 智能合约的编译部署，以及 Solidity 的智能合约框架 Truffle；最后讲解了 DApps 开发的方法和流程。
- 第三部分（附录及后记）：主要讲解了比特币的原理、运行方式、重要模块和编程接口，同时还讲解了一个比特币客户端的案例。

为什么两本书有重复内容

大家可能注意到，两本书有部分内容是重复的，这么安排并不是为了凑篇幅，而是经过精心考虑的。主要原因如下：

- 以太坊和 Hyperledger Fabric 是两个不同的技术平台，涉及的技术都非常多，读者一般不会同时学习并在这两个平台上进行开发，于是我们没有将这两个主题的内容放到一本书中，这样便于读者按需选择。
- 两本书的前两章是相同的，因为这两章的内容对两个平台的用户来说是通用的，而且是都需要了解和学习的。
- 两本书关于比特币的内容是相同的，因为比特币系统是出现最早、运行最稳定的区块链技术平台，它的很多概念和核心技术对其他区块链平台有非常好的借鉴意义，值得所有区块链开发者学习。

主要特色

这两本书是作者在参与众多区块链项目之后提炼而成，具有以下特点：

- 既没有高深的理论也没有晦涩难懂的公式，力求通过最简单通俗的语言和大量的图表让读者能够了解区块链技术的精髓。

- 提供大量的命令脚本和相关程序的源代码文件，这些命令脚本和源代码文件都来自实际的项目，我们整理后展现给读者，通过这些命令和源代码读者可以了解到相关区块链技术平台的操作细节。
- 提供了大量的项目案例，这些项目案例能够帮助读者更好地理解区块链技术和业务场景的结合。
- 与国内专业的区块链技术社区——"区块链兄弟"深度合作，社区中有两本书的专题页面，读者可以到社区中与作者和其他读者进行深入交流。

本书相关源代码下载地址：https://github.com/blockchain-technical-practice。

致谢

这本书能够完成首先要感谢机械工业出版社华章公司的杨福川先生为本书的顺利出版付出的努力。同时我们要感谢区块链技术社区的全体"兄弟"，你们对区块链的探索和执着是我们创作的动力，你们对区块链的付出和努力给我们提供了创作的素材。在编写这本书的过程中无论是提问题的"兄弟"，还是回答问题的专家"兄弟"，感谢你们。最后我们还要感谢所有加入的区块链技术讨论组，在和你们的交流中我们发现了本书的价值。

本书编写小组
2018 年 2 月于上海

目 录

前言

第 1 章　全面认识区块链 ·················· 1

1.1　区块链技术的起源和解释 ················ 1
1.2　区块链的核心技术及其特性 ············· 2
1.2.1　区块链技术的特性 ··············· 3
1.2.2　区块链的分布式存储技术特性 ··· 3
1.2.3　区块链的密码学技术特性 ······· 4
1.2.4　区块链中的共识机制 ············· 8
1.2.5　区块链中的智能合约 ············· 12
1.3　区块链技术演进过程 ····················· 13
1.4　区块链技术的 3 个缺点 ·················· 13
1.5　区块链技术常见的 4 个错误认识 ······ 14
1.6　区块链技术的应用领域 ··················· 15
1.6.1　区块链在金融行业的应用 ······· 15
1.6.2　区块链在供应链中的应用 ······· 16
1.6.3　区块链在公证领域的应用 ······· 17
1.6.4　区块链在数字版权领域的应用 ··· 18
1.6.5　区块链在保险行业的应用 ······· 19
1.6.6　区块链在公益慈善领域的应用 ··· 21
1.6.7　区块链与智能制造 ··············· 22
1.6.8　区块链在教育就业中的应用 ··· 23
1.7　区块链的其他常见技术框架 ·········· 24
1.8　本章小结 ····································· 25

第 2 章　实战准备 ································ 26

2.1　开发环境准备 ······························ 26
2.1.1　操作系统的配置 ··············· 26
2.1.2　Docker 的使用 ················ 27
2.1.3　Git 的使用 ···················· 30
2.2　开发语言 ····································· 30
2.2.1　GO 语言 ······················ 30
2.2.2　Node.js ························ 32
2.3　常用工具 ····································· 32
2.3.1　Curl ··························· 32
2.3.2　tree ··························· 33
2.3.3　Jq ····························· 33
2.4　本章小结 ····································· 34

第 3 章　以太坊介绍 ···························· 35

3.1　了解以太坊 ································· 35
3.2　以太坊发展路线 ··························· 36
3.3　以太坊内置货币 ··························· 37
3.4　以太坊交易吞吐量 ······················· 38

3.5 以太坊账户 ································· 39
3.6 智能合约 ····································· 40
3.7 Gas 与 GasPrice ························· 41
3.8 工作量证明算法 ························· 41
3.9 以太坊网络类型 ························· 42
3.10 以太坊客户端 ··························· 43
3.11 本章小结 ································· 44

第 4 章 以太坊的编译、安装与运行 45
4.1 在 Ubuntu 下安装 ····················· 45
4.2 在 MacOS 下安装 ······················ 46
4.3 在 Windows 下安装 ··················· 46
4.4 以 Docker 方式安装 ·················· 47
4.5 运行以太坊 ································ 47
4.6 本章小结 ····································· 47

第 5 章 以太坊私有链的搭建与运行 48
5.1 搭建一个私有链 ························· 48
5.2 以太坊 JavaScript 控制台命令 ·· 53
5.3 以太坊 CLI 控制台命令 ············· 64
　　5.3.1 账户管理 ·························· 64
　　5.3.2 区块数据管理 ·················· 65
5.4 以太坊 TestRPC 测试链搭建 ···· 69
5.5 本章小结 ····································· 78

第 6 章 以太坊的编程接口 79
6.1 web3.js API ································· 79
　　6.1.1 安装 web3.js 并创建实例 ··· 79
　　6.1.2 账户相关 API ···················· 80
　　6.1.3 交易相关 API ···················· 80
　　6.1.4 区块相关 API ···················· 87

6.2 JSON-RPC API ··························· 87
　　6.2.1 账户相关 API ···················· 88
　　6.2.2 交易相关 API ···················· 89
　　6.2.3 区块相关 API ···················· 94
6.3 本章小结 ····································· 95

第 7 章 Solidity IDE 和 Solidity 快速入门 96
7.1 三种 Solidity IDE ························ 96
　　7.1.1 browser-solidity ·············· 96
　　7.1.2 Atom ································· 97
　　7.1.3 IntelliJ IDEA ···················· 97
7.2 Solidity 快速入门：编写一个简单的银行合约案例 ················· 99
7.3 本章小结 ··································· 101

第 8 章 Solidity 语法详解 102
8.1 注释 ··· 102
8.2 整型和布尔型 ···························· 103
　　8.2.1 整型 ································· 103
　　8.2.2 布尔型 ····························· 104
8.3 地址 ··· 104
8.4 字节数组 ··································· 105
　　8.4.1 固定长字节数组 ············ 105
　　8.4.2 动态长度字节数组 ········ 105
8.5 类型转换和类型推断 ················ 106
　　8.5.1 类型转换 ························· 106
　　8.5.2 类型推断 ························· 107
8.6 时间单位和货币单位 ················ 107
　　8.6.1 时间单位 ························· 107
　　8.6.2 货币单位 ························· 108

8.7 数组和多维数组 ……………… 108
　　8.7.1 数组 …………………… 108
　　8.7.2 多维数组 ……………… 109
8.8 映射/字典 …………………… 109
8.9 结构体与枚举 ……………… 111
　　8.9.1 结构体 ………………… 111
　　8.9.2 枚举 …………………… 112
8.10 全局变量 …………………… 112
8.11 控制结构 …………………… 113
8.12 函数 ………………………… 114
8.13 事件 ………………………… 122
8.14 合约 ………………………… 124
8.15 继承 ………………………… 125
8.16 抽象合约 …………………… 127
8.17 接口 ………………………… 128
8.18 库 …………………………… 128
8.19 Using for …………………… 128
8.20 引入其他源文件 …………… 129
8.21 状态变量/局部变量 ……… 129
8.22 数据位置 …………………… 130
　　8.22.1 数据位置概述 ……… 130
　　8.22.2 数据位置之间相互转换 … 130
8.23 异常处理 …………………… 132
8.24 编写安全 solidity 智能合约
　　 最佳实践 ………………… 133
　　8.24.1 尽早抛出异常 ……… 133
　　8.24.2 结构化函数代码顺序 … 134
　　8.24.3 在支付时使用 pull 模式
　　　　　而不是 push 模式 …… 134
　　8.24.4 整数上溢和下溢 …… 136
8.25 本章小结 …………………… 137

第 9 章　Solidity 合约编译、部署 …… 138

9.1 编译合约 ……………………… 138
　　9.1.1 安装 solc 编译工具 …… 138
　　9.1.2 开始编译合约 ………… 139
9.2 部署合约 ……………………… 141
　　9.2.1 启动以太坊 geth 节点 … 141
　　9.2.2 部署智能合约 ………… 143
9.3 调用合约 ……………………… 145
9.4 本章小结 ……………………… 146

第 10 章　Truffle 详解 …………… 147

10.1 什么是 Truffle ……………… 147
10.2 安装 Truffle ………………… 148
10.3 创建并初始化项目 ………… 149
10.4 创建合约 …………………… 150
10.5 编译合约 …………………… 150
10.6 迁移合约 …………………… 151
10.7 合约交互 …………………… 156
　　10.7.1 交易 ………………… 156
　　10.7.2 调用 ………………… 157
　　10.7.3 合约抽象 …………… 157
　　10.7.4 与合约交互 ………… 158
　　10.7.5 添加一个新合约到网络 … 159
　　10.7.6 使用现有合约地址 … 160
　　10.7.7 向合约发送以太币 … 161
10.8 测试合约 …………………… 163
10.9 JavaScript 测试 …………… 164
10.10 Solidity 测试 ……………… 165
10.11 Truffle 配置文件 ………… 167
10.12 依赖管理 ………………… 169
10.13 本章小结 ………………… 171

第 11 章 以太坊 DApps 应用开发实战 ………… 172

- 11.1 DApps 架构与开发流程 ………… 172
  - 11.1.1 DApps 架构 VS Web 应用架构 ………… 172
  - 11.1.2 DApps 开发流程 ………… 173
- 11.2 案例：去中心化微博 ………… 174
  - 11.2.1 创建项目 ………… 175
  - 11.2.2 合约 ………… 176
  - 11.2.3 前端应用 ………… 181
- 11.3 本章小结 ………… 192

附录 A 比特币的原理和运行方式 …… 193

附录 B 比特币的 bitcoin-cli 模块详解 ………… 203

附录 C 比特币系统的编程接口 …… 213

附录 D 比特币系统客户端项目实战 ………… 218

附录 E 区块链相关术语 ………… 225

后记 ………… 228

第 1 章　全面认识区块链

人类自诞生以来,一直对物质移动的速度有着孜孜不倦的追求和探索。在人类探索和改造世界的过程中,绝大多数具有颠覆性的技术创新都与物质传递的速度有着非常密切的联系。比如轮子改变人和物体传递的方式,铁轨改变人和物体传递的效率,电力的出现改变了能量的传递方式,互联网的诞生则是彻底颠覆了信息传递的方式和效率。

区块链技术被认为是轮子、铁轨、电力、互联网之后,又一个具备颠覆性的核心技术。作为一种构建价值互联网的底层技术,区块链改变的将是价值传递的方式。区块链的出现将解决人类社会诞生以来一直在思考的问题——如何获取未知的信任。区块链技术到底是怎样一种技术?本章将从宏观角度介绍这个问题。

1.1　区块链技术的起源和解释

提到区块链技术,比特币是无法回避的一个重要部分,因为比特币是迄今为止出现最早、规模最大、运行最稳定、技术最成熟的基于区块链技术的应用。2008年一个网名叫"中本聪"的人发表了一篇名为《比特币:一个点对点的电子现金系统》的论文。在该论文中,"中本聪"描绘了一个完全去中心化的电子现金系统,在这个系统中每一个参与者都是独立并且对等的,这些参与者不依赖于通货保障或者结算交易验证保障的中央权威。

为了实现这套系统,相关的技术社区利用密码学中的椭圆曲线数字签名算法(ECDSA)来实现数据的加密,基于P2P网络来实现数据的分布式存储,从而实现了一个去中心化的、不可逆、不可篡改的特殊数据存储系统。这套系统就是目前被称为区块链技术的雏形。比特币就是构建在区块链技术之上典型的成功应用。比特币系统这些年来稳定而且高效的运行，证明了这些技术理论的正确性和可靠性。

随着业界对比特币系统技术架构的深入了解，人们发现这些技术除了应用在比特币上面之外，还能应用在其他领域。于是相关技术社区将这些技术抽象之后给它们起了一个统一的名字：区块链。从此区块链脱离比特币成为一门单独的技术。

目前区块链已经成为一个独立的技术名词，而不是依赖于某个具体产品的附属技术。区块链这个技术名词，从不同的角度看会有不同的解释。

- 从网络的角度看：区块链的底层网络模型提供了分布式数据存储的完美实现，比特币系统从诞生至今没有发生过一次宕机事件，这有利地证明了该网络模型的稳定和高效。
- 从底层技术的角度看：区块链更像是一个数据结构，用区块存储数据，把区块按照顺序链接起来组成区块链，从而达到防止数据被篡改的目的。
- 从密码学的角度看：区块链利用椭圆曲线数字签名算法来保证数据的完整性和真实性。
- 从数据存储的角度看：区块链更像是一个分布式数据库，不但数据的存储是分布式的（以共享账本为例，所有的数据可以对等地存储在所有参与数据记录的节点中，而非集中存储于中心化的机构节点中），而且数据的产生也是分布式的（账本所有的节点集体维护，而非一个单独的中心机构来维护）。

区块链技术源于比特币但是高于比特币，发展至今，已经形成一个非常完整的技术栈。区块链技术栈中的每个单项技术并不是新发明的技术，如果将这些单项技术单独提取出来，都是比较普通的，但正是这些普通的技术通过精巧地组合之后诞生了一项足以颠覆世界的新技术。这和鸡尾酒非常相识，组成鸡尾酒的每个单独的原料都非常普通，但是组合之后就产生了非常神奇的化学反应，从而诞生了一个让人痴迷的新事物。

套用一句网络流行的话，重要的事情要说三遍：区块链不是一个单独的技术，而是由多种技术组成的技术栈，在学习区块链技术的时候一定要注意区块链技术的这个特性。所以如果想学会区块链技术首先需要对组成区块链技术栈的各个单项技术有所了解，然后再开始学习相关的区块链技术框架，这一点在基于区块链技术的项目实施中尤其重要。

1.2 区块链的核心技术及其特性

通过前面章节的介绍我们知道区块链技术是一个技术栈，由多种相关技术组成。那么区块链技术栈到底是由哪些具体技术组成的呢？在回答这个问题之前，我们先要了解一下区块链具有哪些特点。

1.2.1 区块链技术的特性

区块链技术有什么特点？这个问题很多人从不同的角度定义过。在这里，我们引用维基百科上面的说明："区块链技术是基于去中心化的对等网络，用开源软件把密码学原理、时序数据和共识机制相结合，来保障分布式数据库中各节点的连贯和持续，使信息能即时验证、可追溯，但难以篡改和无法屏蔽，从而创造了一套隐私、高效、安全的共享价值体系。"通过这段描述我们可以把区块链技术的特点归纳为以下几点：

- 区块链没有一个统一的中心，数据分布式存储，并且每个节点是对等的。
- 数据存储按照特定的时序组织并且采用密码学原理加密，这样使得数据不可篡改（密码学加密）并且可以追溯（时序组织）。
- 数据的创建和维护由所有参与方共同参与，任何一方都不能在不经过其他参与方允许的情况下独立对数据进行维护。

这些特性是绝大多数区块链技术的基本特性，但是随着对区块链技术的深入研究，人们发现这些特性已经不能满足业务的需求，因此在区块链技术中增加了一些新的特性，这些新增的特性中最重要的就是智能合约。区块链的智能合约是条款以计算机语言而非法律语言记录的智能合同。智能合约让我们可以通过区块链与真实世界的资产进行交互。当一个预先编好的条件被触发时，智能合约执行相应的合同条款。

通过上面的描述我们可以发现区块链技术具有分布式数据库、密码学、P2P 网络等技术特点。区块链的这些技术特点，使得通过区块链技术可以构建一个去中心化的、安全的、对等的、不可更改的价值传播网络。这些技术通过精巧的组合之后，形成了一种全新的数据记录、传递、存储与展现的方式。以前数据的存储和维护都是由一个统一的中心机构来完成，而区块链技术可以让所有数据的参与方都有机会成为数据维护者。区块链技术在没有中央控制点的分布式对等网络下，使用分布式集体运作的方法，构建了一个 P2P 的自组织网络。通过复杂的校验机制，区块链数据库能够保持完整性、连续性和一致性，即使部分参与者作假也无法改变整个区块链的完整性，更无法篡改区块链中的数据。

现在我们可以对区块链的技术特点进行一下总结。区块链是分布式数据存储、点对点传输、共识机制、加密算法等计算机技术的新型应用模式。区块链技术栈包含了以下技术特性：

- 分布式数据库的技术特性
- 密码学特性
- 共识机制
- 智能合约

1.2.2 区块链的分布式存储技术特性

从技术的特性上看，区块链具有分布式数据库技术的特点。传统的关系性数据库都必须满足 ACID 原则，ACID 原则本质上是对事务而言的。在传统的关系型数据库中，事务是一个不能分割的操作单元。因此对于传统的关系数据库而言，事务必须具备以下四个特性：

- 原子性（Atomicity）：事务中的所有操作要么全部执行，要么全部拒绝，没有任何中间状态；
- 一致性（Consistency）：数据库的完整性约束不会被任何事务破坏；
- 隔离性（Isolation）：多个事务完全隔离开来，一个事务的执行不会被其他事务所影响；
- 持久性（Durability）：一个事务完成之后，该事务对数据库的变更会被永久地存在数据库中。

从 ACID 四个属性我们看出，区块链可以满足上面的部分特性。

- 原子性，区块链的数据存储在区块中，一个区块链中的数据要么全部进入区块链，要么全部被丢弃。
- 一致性，区块加入区块链之后原有的区块链保持不变。
- 隔离性，所有节点可以同时生成区块，但是最终只有一个区块可以加入区块链中。
- 持久性，一旦区块加入区块链中，就会被永久保存并复制到其他节点。

移动互联网对数据的存储数量以及数据的读写速度都提出了更高的要求，因此基于 ACID 的关系数据已经不能满足于业务的需求。相关技术社区在原有的 ACID 数据库的基础上面创建了分布式数据库系统。分布式数据库系统有这样一些特点，我们称之为 BASE。BASE 是一组单词的首字母缩写，它们是：

- 基本上可用（basically available）：主要的需求是可用性，即使出现划分的情况下，也应该允许更新，哪怕以牺牲一致性为代价；
- 软状态（soft state）：网络划分可能导致数据库每个副本都有一定程度不同的状态，从而导致整体状态不明；
- 最终一致性（eventually consistent）：当解决完划分后，要求最终所有副本形成一致。

和 ACID 的强一致性概念比较，BASE 面向的是可扩展的分布式系统。BASE 在牺牲强一致性的基础上换取了可用性，允许在某个时间段内不同节点之间存在数据的不一致性，但是最终所有节点的数据都是一致的。而区块链的节点是分布在全世界各个地方的，在一定的时间段内，不同节点的区块数存在不一致的情况，但是最终都是一致的。所以我们认为区块链是符合分布式数据库 BASE 规则的。通过上面的对比我们发现，区块链符合传统的关系数据库和互联网时代的分布式数据库特性。

1.2.3 区块链的密码学技术特性

为了保证数据的不可逆、不可篡改和可追溯，区块链采用了一些密码学相关的技术。主要使用的是哈希算法、Merkle 树、非对称加密算法这三种密码学中常用的技术。

1. 哈希算法

哈希算法将任意长度的二进制值映射为较短的固定长度的二进制值,这个小的二进制值称为哈希值。哈希值是一段数据唯一且极其紧凑的数值表示形式。如果哈希一段明文而且哪怕只更改该段落的一个字母,随后的哈希值都会发生变化。要找到哈希值相同而输入值不同的字符串,在计算上是不可能的。所以数据的哈希值可以检验数据的完整性。在哈希算法中如果输入数据有变化,则哈希也会发生变化。哈希算法可用于许多操作,包括身份验证和数字签名(也称为"消息摘要"),不过一般用于快速查找和加密算法。

区块链的数据是存储在区块中的,每个区块都有一个区块头,区块头存储区块中所有数据经过哈希算法获取的一个哈希值,同时每个区块中存储前面一个区块的哈希值,这样每个区块都会通过所存储的前一个区块的哈希值串联起来,这样就形成了区块链。如果有人试图篡改其中的一笔交易,势必会导致该交易所在区块的哈希值发生变化,为了使得被篡改的交易得到所有节点的认可,篡改者需要以被篡改的节点为起点,重新计算后面的所有区块,但是如果要让所有的节点都承认和接受这些篡改,那基本上是不可能完成的事情了。从这里我们可以发现哈希算法的应用使得篡改的成本已经远远超过收益了。

区块链系统常用的哈希算法是 SHA256 和 RIPEMD160。SHA256 是 SHA 算法的一个变体。SHA(安全散列算法)是由美国国家安全局(NSA)设计,美国国家标准与技术研究院(NIST)发布的一系列密码散列函数,包括 SHA-1、SHA-224、SHA-256、SHA-384 和 SHA-512 等变体。这些算法主要适用于数字签名标准(Digital Signature Standard DSS)里面定义的数字签名算法(Digital Signature Algorithm DSA)。SHA256 算法在抗碰撞性和效率之间做了一个平衡处理,在很多区块链系统中均支持 SHA256 哈希算法。

> 对于哈希算法来说,抗碰撞性越高,相对需要的计算资源越大,对系统性能也会有一定的影响。因此很多区块链系统可以通过配置参数修改算法,使用者可以根据业务需求选择合适的哈希算法。

2. Merkle 树

通过前面的描述我们知道区块中的数据是存储在区块中的,一个区块中会存储若干数据,那么这些数据是以什么样的方式组织才能够做到不可篡改呢?Merkle 树解决了这个问题。

(1)什么是 Merkle 树

Merkle 树是一种树(数据结构中所说的树),通常称为 Merkle Hash Tree。组成 Merkle 树的所有节点都是哈希值。Merkle 树具有以下特点:

- Merkle 树是一种树型数据结构,可以是二叉树也可以是多叉树,具有树型结构的所有特点;

- Merkle 树的叶子节点上的 value 可以任意指定，比如可以将数据的哈希值作为叶子节点的值；
- 非叶子节点的 value 是根据它下面所有的叶子节点值，然后按照一定的算法计算得出的。如 Merkle 树的非叶子节点 value 是将该节点的所有子节点进行组合，然后对组合结果进行哈希计算所得出的哈希值。

（2）Merkle 树的应用领域

目前，在计算机领域 Merkle 树多用来进行比对以及验证处理。比特币钱包服务用 Merkle 树的机制来做"百分百准备金证明"。在处理比对或验证的应用场景中，特别是在分布式环境下进行比对或验证时，Merkle 树可以大大减少数据的传输量以及计算的复杂度。

（3）Merkle 树的优点

Merkle 树明显的一个好处是可以单独拿出一个分支（作为一个小树）来对部分数据进行校验，这个特性在很多使用场合可以带来哈希列表所不能比拟的方便和高效。

（4）Merkle 树在区块链中的应用

在区块链中，区块中的交易是按照 Merkle 的形式存储在区块上面的。每笔交易都有一个哈希值，然后不同的哈希值向上继续做哈希运算，最终形成了唯一的 Merkle 根。这个 Merkle 根将会被存放到区块的区块头中。利用 Merkle 树的特性可以确保每一笔交易都不可伪造。

3. 非对称加密算法

加密算法一般分为对称加密和非对称加密，非对称加密是指为满足安全性需求和所有权验证需求而集成到区块链中的加密技术。非对称加密通常在加密和解密过程中使用两个非对称的密码，分别称为公钥和私钥。非对称密钥对具有两个特点：一是用其中一个密钥（公钥或私钥）加密信息后，只有另一个对应的密钥才能解开；二是公钥可向其他人公开，私钥则保密，其他人无法通过该公钥推算出相应的私钥。

非对称加密一般划分为三类主要方式：大整数分解问题类、离散对数问题类、椭圆曲线类。大整数分解问题类指用两个较大的质数的乘积作为加密数，由于质数的出现具有不规律性，想要破解只能通过不断试算。离散对数问题类指的是基于离散对数的难解性，利用强的单向散列函数的一种非对称分布式加密算法。椭圆曲线类指利用平面椭圆曲线来计算成组非对称特殊值，比特币就使用此类加密算法。

非对称加密技术在区块链的应用场景主要包括信息加密、数字签名和登录认证等。其中信息加密场景主要是由信息发送者（记为 A）使用接受者（记为 B）的公钥对信息加密后再发送给 B，B 利用自己的私钥对信息解密。比特币交易的加密即属于此场景。数字签名场景则是由发送者 A 采用自己的私钥加密信息后发送给 B，再由 B 使用 A 的公钥对信息解密，从而可确保信息是由 A 发送的。登录认证场景则是由客户端使用私钥加密登录信息后发送给服务器，后者接收后采用该客户端的公钥解密并认证登录信息。

存储在区块链上的交易信息是公开的，但是账户身份信息是高度加密的，只有在数据拥有者授权的情况下才能访问，从而保证了数据的安全和个人的隐私。区块链系统每个用户都有一对秘钥，一个是公开的，一个是私有的。通常公钥的密码算法采用的是椭圆曲线算法。用户可以通过自己的私钥对交易进行签名，同时别的用户可以利用签名用户的公钥对签名进行验证。

椭圆曲线指的是由韦尔斯特拉斯（Weierstrass）方程 $y^2 + a_1xy + a_3y = x^3 + a_2x^2 + a_4x + a_6$ 所确定的平面曲线。若 F 是一个域，$a_i \in F$，$i=1, 2, \cdots, 6$。满足式（1-1）的数偶 (x, y) 称为 F 域上的椭圆曲线 E 的点。F 域可以是有理数域，还可以是有限域 $GF(Pr)$。椭圆曲线通常用 E 表示。除了曲线 E 的所有点外，尚需加上一个叫作无穷远点的特殊点 O。在椭圆曲线加密（ECC）中，利用了某种特殊形式的椭圆曲线，即定义在有限域上的椭圆曲线。其方程如下：

$$y^2 = x^3 + ax + b \pmod{p} \tag{1-1}$$

这里 p 是素数，a 和 b 为两个小于 p 的非负整数，它们满足：

$$4a^3 + 27b^2 \pmod{p} \neq 0 \tag{1-2}$$

其中，$x, y, a, b \in F_p$，则满足式（1-2）的点 (x, y) 和一个无穷点 O 就组成了椭圆曲线 E。

椭圆曲线离散对数问题 ECDLP 定义如下：给定素数 p 和椭圆曲线 E，对 $Q = kP$，在已知 P, Q 的情况下求出小于 p 的正整数 k。可以证明，已知 k 和 P 计算 Q 比较容易，而由 Q 和 P 计算 k 则比较困难，至今没有有效的方法来解决这个问题，这就是椭圆曲线加密算法原理之所在。与 RSA 算法相比，椭圆曲线公钥系统是代替 RSA 的强有力的竞争者。椭圆曲线加密方法的优点总结如下：

- 安全性能更高，如 160 位 ECC 与 1024 位 RSA、DSA 有相同的安全强度。
- 计算量小，处理速度快，在私钥的处理速度上（解密和签名），ECC 远比 RSA、DSA 快得多。
- 存储空间占用小，ECC 的密钥尺寸和系统参数与 RSA、DSA 相比要小得多，所以占用的存储空间小得多。
- 带宽要求低，使得 ECC 具有广泛的应用前景。

ECC 的这些特点使它必将取代 RSA，成为通用的公钥加密算法。比如 SET 协议的制定者已把它作为下一代 SET 协议中缺省的公钥密码算法。

利用椭圆曲线的签名和验证算法，可以保证账号的唯一性和不可冒名顶替性，同时也保证了用户的不可抵赖性。通过这些密码学技术的应用可以使得区块链技术在没有中心服务器的情况下做到数据的不可逆和不可篡改。

1.2.4 区块链中的共识机制

区块链中的一个核心概念是去中心,在区块链中没有和传统数据库系统一样的中心数据库,每个节点都是对等的,这样就需要一套算法和机制来保证所有对等节点之间可以有效协作。这套算法和方式称为共识机制。共识机制的存在可以有效保证各个节点之间按照既定的原则共同维护账本。共识机制本质上是区块链系统中实现不同节点之间建立信任、获取权益的数学算法。共识算法在区块链技术出现之前就已经存在,最早出现在分布式系统中。目前区块链系统中常用的共识算法有 PWO(工作量证明)、POS(股权证明机制)、DPOS(授权股权证明)、PBFT(拜占庭共识算法)。

1. POW——工作量证明机制

工作量证明(Proof Of Work,POW),简单理解就是一份证明,用来确认你做过一定量的工作。监测工作的整个过程通常是极为低效的,而通过对工作的结果进行认证来证明完成了相应的工作量,则是一种非常高效的方式。比如现实生活中的毕业证、驾驶证等,也是通过检验结果的方式(通过相关的考试)所取得的证明。

工作量证明系统主要特征是客户端需要做一定难度的工作得出一个结果,验证方却很容易通过结果来检查出客户端是不是做了相应的工作。这种方案的一个核心特征是不对称性:工作对于请求方是适中的,对于验证方则是易于验证的。它与验证码不同,验证码的设计出发点是易于被人类解决而不易被计算机解决。

举个例子,给定一个基本的字符串"study blockchain!",我们给出的工作量要求是,可以在这个字符串后面添加一个整数值,对变更后的字符串进行 SHA256 哈希运算,如果得到的哈希结果(以十六进制的形式表示)是以"0000"开头的,则验证通过。为了达到这个工作量证明的目标,我们需要不停地递增这个整数的值,对得到的新字符串进行 SHA256 哈希运算。按照这个规则,我们需要经过 79505 次计算才能找到恰好前 4 位为 0 的哈希散列。

```
"study blockchain!0" => 199dd3e519f1e170e0eea67744547ffea5a435e4ddacaf0ada859b
972091ac7d "study blockchain!1" => 91de0a6ce666ee00ee8cb5893cc843b84001a4c9ffac5bc
3168b3c6c6f604217 "study blockchain!2" => 86d4fc2522d934af711049e4bd488a50a86bf2d6
57f1d9e1871c9f25d4f6ea2b ... "study blockchain!79505" => 000024f2c9e0e1cf93ef68fde
a6c60e4dd0498d41aa82473c41c2f1b022b4ca1
```

通过这个示例我们对工作量证明机制有了一个初步的理解。有的人会认为如果工作量证明只是这样的一个过程,那是不是只需要记住字符串后面的数字为 79505 计算能通过验证就行了?当然不是的,这是一个非常简单的例子,实际会增加很多的参数来调节计算的难度。

比特币系统的共识机制就是基于 POW 算法的,但是远远比上面的例子要复杂得多。比特币网络中任何一个节点如果想生成一个新的区块并写入区块链中,必须解出比特币网络给出的工作量证明的谜题。这道题关键的三个要素是工作量证明函数、区块及难度值。工作量证明函数是这道题的计算方法，区块决定了这道题的输入数据，难度值决定了这道题所需要的计算量。

2. POS——股权证明机制

股权证明机制的基本概念是产生区块的难度应该与你在网络里所占的股权（所有权占比）成比例。简单来说 POS 就是一个根据你持有货币的量和时间给你发利息的一个制度。在 POS 模式下有一个名词叫币龄，每个币每天产生 1 币龄。比如你持有 100 个币，总共持有了 30 天，那么此时你的币龄就为 3000。这个时候如果你发现了一个 POS 区块，你的币龄就会被清空为 0。你每被清空 365 币龄，你将会从区块中获得 0.05 个币的利息（可理解为年利率 5%）。那么在这个案例中，利息 = 3000*5%/365 = 0.41 个币，这样只要持有货币就可以获取利息（需要注意的是，5% 的年利率仅仅是我们举例，并非每个 POS 模式的币种都是 5%）。

POS 的设计理念以及初衷主要是基于以下三个原因：

第一：众所周知，比特币的区块产量每 4 年会减半，未来随着比特币区块包含产量的逐步降低，挖矿的动力将会不断下降，矿工人数越来越少。整个比特币网络有可能会逐渐陷入瘫痪（因为大家都减少了运行比特币客户端的时间，越来越难找到一个 P2P 节点去连接和同步网络数据）。针对这个问题，POS 提供了解决方案：在 POS 体系中只有打开钱包客户端程序才能发现 POS 区块，才会获得利息。这促使很多不想挖矿的人也会常常打开自己的钱包客户端，通过这样的方法使得整个网络更加健壮。

第二：通过比特币的原理我们知道在若干年后随着矿工人数的下降，比特币很有可能被一些高算力的人、团队或者矿池所挟持，进而进行 51% 攻击。这会导致整个比特币网络崩溃。51% 攻击简单来说就是当你拥有了超过全球 51% 的比特币算力时，你将能伪造比特币网络的任何数据。比如你伪造自己有一百万个比特币（实际上你没有），你可以通过你的算力强迫其他节点接受你的虚假交易，但是这样将导致整个体系的崩溃。针对这个问题，POS 的解决方案是：在 POS 体系中即使你拥有了全球 51% 的算力也未必能够进行 51% 攻击。因为有一部分的货币并不是挖矿产生的，而是由利息产生（利息存放在 POS 区块中），这要求攻击者还需要持有全球超过 51% 的货币量，这将大大提高 51% 攻击的难度。

第三：虽然我们知道比特币是一个永远不会通货膨胀的体系，因为它的货币总量表面看起来是固定的，但是我们应该知道比特币其实是一个通货紧缩的体系。因为当我们重装了系统或者忘记了钱包密钥的时候，我们会永远无法再拿回钱包里的钱。这意味着每年都会有一些比特币随着钱包的丢失而永远被锁定，这就形成了实质上的通货紧缩。也许在五十年后，有效的比特币将会只剩下一千万个或者更少。POS 部分解决了这个问题，在 POS 体系中由于一部分货币是由利息产生的,因此整个体系中会不断地产生新的货币。

3. DPOS——委托权益证明

在区块链中共识算法被用来保证整个区块链网络的安全可靠。在前面我们介绍了工作量证明(POW)和权益证明(POS)这两种共识算法。但是这两种共识算法都不能解决交易性能问题,尤其是POW算法大量消耗计算所需的电力。而委任权益证明(DPOS)共识算法正是为了解决这些问题而诞生的。

委任权益证明(Delegated Proof of Stake,DPOS)最初由比特股(BitShares)提出并采用。目前DPOS已经在除了比特股之外的多个区块链技术平台上面可靠运行。这足以证明DPOS算法是健壮、安全和有效的。在DPOS算法中持有一定数据量货币的可成为股东,每个股东按其持股比例拥有影响力。超过51%股东投票的结果将是不可逆且有约束力的。为达到这个目标,每个股东可以将其投票权授予一名代表。获票数最多的前100位代表按既定时间表轮流产生区块。每名代表分配到一个时间段来生产区块。所有的代表将收到等同于一个平均水平的区块所含交易费的1%作为报酬。如果一个平均水平的区块含有100股作为交易费,一名代表将获得1股作为报酬。网络延迟有可能使某些代表没能及时广播他们的区块,理论上将导致区块链分叉。但是这种现象在DPOS算法中不太可能发生,因为制造区块的代表可以与制造前后区块的代表建立直接的联系。建立这种与你之后的代表(也许也包括其后的那名代表)的直联系是为了确保你能得到报酬。这种模式可以每30秒产生一个新区块,并且在正常的网络条件下区块链分叉的可能性极其小,即使发生也可以在几分钟内得到解决。由此可见DPOS算法是对POS算法的有效补充。

4. PBFT——拜占庭共识算法

PBFT算法是根据拜占庭问题演变而来的拜占庭共识算法。在拜占庭问题被提出后一直有各种共识算法来解决拜占庭问题,但是无论从执行流程的复杂度还是算法效率来说,PBFT是目前公认效率最好的算法。该算法是Miguel Castro(卡斯特罗)和Barbara Liskov(利斯科夫)在1999年提出来的。PBFT算法有效地解决了原始拜占庭容错算法效率不高的问题,将算法复杂度由指数级降低到多项式级,使得拜占庭容错算法在实际系统应用中变得可行。

关于拜占庭将军问题,一个简易的非正式描述如下:

> 拜占庭帝国想要进攻一个强大的敌人,为此派出了10支军队去包围这个敌人。这个敌人虽不比拜占庭帝国,但也足以抵御5支常规拜占庭军队的同时袭击。基于一些原因,这10支军队不能集合在一起单点突破,必须在分开的包围状态下同时攻击。他们任一支军队单独进攻都毫无胜算,除非有至少6支军队同时袭击才能攻下敌国。他们分散在敌国的四周,依靠通信兵相互通信来协商进攻意向及

进攻时间。困扰这些将军的问题是,他们不确定队伍中是否有叛徒,叛徒可能擅自变更进攻意向或者进攻时间。在这种状态下,拜占庭将军们能否找到一种分布式的协议来让他们能够远程协商,从而赢得战斗?这就是著名的拜占庭将军问题。

应该明确的是,拜占庭将军问题中并不去考虑通信兵是否会被截获或无法传达信息等问题,即消息传递的信道绝对可靠。Lamport 已经证明了在消息可能丢失的不可靠信道上试图通过消息传递的方式达到一致性是不可能的。所以,在研究拜占庭将军问题的时候,我们已经假定了信道是没有问题的,并在这个前提下,去做一致性和容错性相关研究。

5. Casper——投注共识

Casper 是以太坊提出的下一代的共识机制,从原理上看,Casper 属于 POS。Casper 的共识是按块达成的,而不是像 POS 那样按链达成。为了防止验证人在不同的世界中提供不同的投注,这里还有一个简单严格的条款:如果你有两次投注序号一样,或者说你提交了一个无法让 Casper 合约处理的投注,你将失去所有保证金。从这一点我们可以看出,与传统的 POS 不同,Casper 有惩罚机制,这样非法节点通过恶意攻击网络不仅得不到交易费,还面临着保证金被没收的风险。

6. Ripple Consensus——瑞波共识算法

瑞波共识算法使一组节点能够基于特殊节点列表达成共识。初始特殊节点列表就像一个俱乐部,要接纳一个新成员必须由该俱乐部 51% 的会员投票通过。共识遵循这核心成员的 51% 权力,外部人员则没有影响力。由于该俱乐部由"中心化"开始,它将一直是"中心化的",如果它开始腐化,股东们什么也做不了。瑞波系统将股东们与其投票权隔开,并因此比其他系统更中心化。

7. POET——消逝时间量证明

POET(Proof of Elapsed Time)共识算法的大致思路是这样的,每个节点发布块之前都要从一个 enclave(在 Sawtooh 中它代表一个可信操作)获取一个随机的等待时间,等待时间最短的率先发布块(相当于被选为 leader),其中 enclave 是通过新型的安全 CPU 指令来实现的。enclave 支持两个函数"CreateTimer"和"CheckTimer",CreateTimer 用于从 enclave 中产生一个 timer,CheckTimer 会去校验这个 timer 是不是由 enclave 产生、是否已经过期。如果满足以上两个条件就会生成一个 attestation(凭证)。attestaion 中包含的信息可以用来校验 certificate 是否由该 enclave 产生并且已经等待了 timer 规定的时间。成为 leader 的概率与捐献的资源是成比例的,因为是通用处理器而不需要定制矿机,所以参与的门槛比较低,节点会比较多,整个共识会更健壮。

在前面的内容中我们简单地介绍了区块链常用的共识算法。不同的区块链平台根据自身的技术特点采用了不同的共识算法。但是有一点需要说明一下，这些共识算法是区块链的底层核心，在一个已经实现的区块链技术平台中，共识算法相关的模块都已经实现，在实际项目开发不会需要架构师或者开发人员去实现这些算法，但是了解这些算法将有助于我们更好地设计基于区块链的系统架构。

1.2.5　区块链中的智能合约

提到智能合约首先需要说明的是，智能合约和区块链原本是两个独立的技术。在区块链诞生之初并没有引入智能合约的概念。比如，在以比特币为代表的区块链 1.0 系统中并没有智能合约的概念。随着区块链技术的发展，人们发现区块链在价值传递的过程中需要有一套规则来描述价值传递的方式，这套规则应该让机器来识别和执行而不是人，因此智能合约进入了人们的视线之内。以太坊的出现让这种假设成为可能，而实现的方式正是依靠智能合约。

智能合约的理念可以追溯到 1995 年，几乎与互联网同时出现。密码学家尼克·萨博（Nick Szabo）首次提出了"智能合约"这一术语。从本质上讲，这些自动合约的工作原理类似于其他计算机程序的 if-then 语句。智能合约只是以这种方式与真实世界的资产进行交互。当一个预先编好的条件被触发时，智能合约执行相应的合同条款。

但是在尼克·萨博提出智能合约的工作理论后，智能合约相关的技术迟迟无法落地，而且很长时间也没有相关的产品问世。产生这种现象的一个重要原因是因为缺乏能够支持可编程合约的数字货币系统和技术。区块链技术的出现解决了该问题，它不仅可以支持可编程合约，而且具有去中心化、不可篡改、过程透明可追踪等特性，这些特性天然适用于智能合约。目前智能合约技术已经成为区块链技术的必备特性之一。

在区块链 2.0 引入智能合约之后，区块链真正地脱离了数字货币的枷锁，成为一个独立的技术。因为智能合约的引入，区块链可以应用在更加广泛的场景中。智能合约可以认为是区块链技术的翅膀，让区块链飞得更高更远。既然智能合约对区块链如此重要，那么智能合约到底是什么呢？

智能合约本质上就是一段用某种计算编程语言编写的程序，这段程序可以运行在区块链系统提供的容器中，同时这段程序也可以在某种外在、内在条件的激活下自动运行。这样的特性和区块链技术结合之后不但可以避免人为对规则的恶意篡改，而且可以发挥智能合约在效率和成本方面的优势。由于智能合约的代码是存放在区块链中，智能合约的运行也是在区块链系统提供的容器之中的，结合区块链技术所使用的密码学原理，使得智能合约天然具有防篡改和防伪造的特性。智能合约产生的结果也是存储在区块中的，这样从源头、执行过程到结果全程都在区块链中执行，保证了智能合约的发布、执行、结果记录的真实性和唯一性。

智能合约技术首先在以太坊得以实现，在超级账本的 Fabric 项目也引入了智能合约的概念。在后续章节中将详细介绍如何在这些平台中通过智能合约开发应用。

1.3 区块链技术演进过程

通过上面的介绍我们可以发现区块链技术为了使用新的业务场景而一直在改进中。到目前为止区块链技术已经进入 3.0 时代。

- 区块链 1.0 仅仅是一个共享账本，只能记账而没有其他功能。
- 区块链 2.0 在共享账本的基础上增加了智能合约，通过智能合约可以提供更加丰富的功能。
- 区块链 3.0 进一步升级，不但能够记录交易还能记录状态，对数据进行溯源，使区块链技术不再局限于数字货币，而是应用在更多的行业场景中。

区块链的三个版本之间并没有取代关系，每个版本都有自己的特点，它们之间没有必然的关系并且是相互独立的。到目前为止，每个版本的区块链技术依然在各自擅长的领域发挥着重要的作用，有很多经典的应用在运行。本书将挑选其中比较有代表性的比特币和以太坊作为代表，为大家介绍这两个平台的技术特性和使用方法。

1.4 区块链技术的 3 个缺点

区块链技术虽然有美好的未来和前景，但是作为一项新兴的技术，和其他技术一样，会有一个完善的过程。目前的区块链系统还有一些不足和需要改进的地方，主要有以下几个问题。

1. 性能问题

区块链由于其在数据完整性和不可篡改性等方面的特殊要求，每笔交易均需要打包到区块中，然后通过计算每笔交易的 Hash 值，从而构造一个完整的 Merkle 树，最终将交易保存到区块中。这样的处理方式保证了数据的安全性和完整性，但是速度会大幅下降。以比特币系统为例，目前比特币系统每秒只能处理大约 10 笔交易，这显然是不能满足实际的业务需求的。虽然针对性能问题也提出了很多解决方案，比如闪电网络、石墨烯等技术，但是这些技术方案大多数还处于技术验证中，距离实际的应用还有一段距离。

2. 数据的弹性扩展问题

区块链系统具有分布式系统的特性，但是到目前为止，区块链系统只能做到节点的分布式，在数据存储上还没有提供可靠的分布式解决方案。比如比特币的所有交易数据已经多达 150G 左右，并且只能部署在单台机器上。随着时间的推移，这些交易数据只增不减，为了应付不断增长的交易数据，只能不断增加单台主机的存储。这种存储方式在遇到存在海量数据的业务场景中会带来隐患。

3. 易用性问题

区块链技术是新兴技术，虽然单个技术已经出现很久，但是这些技术组合之后产生了很多新的特性。目前技术社区普遍还处于早期阶段，相关的案例、技术文档、技术社区等普遍比较缺失。这些因素导致了区块链技术在学习、推广、落地方面出现了不同程度的障碍。这些障碍的解决还需要整个技术社区继续努力。

1.5 区块链技术常见的 4 个错误认识

1. 区块链就是数字货币

区块链技术源于比特币，可以说比特币是一个成功的区块链应用。不仅仅是比特币，目前的以太币等数字货币都是基于区块链理论而实现的区块链产品，但是区块链和数字货币之间不能画上等号。区块链是一个由多技术组成的技术栈，而数字货币是基于区块链技术的一个产品，区块链除了在数字货币领域之外在很多其他的领域都有应用。

2. 区块链将取代传统的数据库

区块链具有分布式数据库的特性，但是区块链绝不是为了取代传统的数据库系统。它们解决的问题是不一样的。在未来二者之间更多的是合作的关系。

3. 区块链系统是否一定要挖矿

挖矿是 POW 共识算法中的一个行为，是比特币等数字货币对 POW 算法的一种实现方式，但是挖矿绝对不是区块链的必需品。不是所有的区块链技术平台都需要挖矿。比如 Fabric 就没有采用 POW 的共识机制，也就没有挖矿这一说了。目前的主流平台中以太坊在将来也可能会支持 POS 的共识算法。

4. 区块链只能用来记账

区块链技术源于比特币，而比特币是一个数字货币系统，所有的记录都是和交易相关的，因此自然就把这些数据集称为账本。在比特币之后的区块链系统中习惯把区块链中存数据的集合称为账本，把每一条数据集称为交易。包括很多区块链系统的源码中涉及数据存储和单条数据的变量命名中都包括 Ledger 和 Transaction 等单词。这样给人的感觉是区块链是用来记账的。这其实是个误会，区块链技术发展到今天，其应用范围远远超出了数字货币的范畴，在很多领域均有广泛的应用。而且区块链中存储的数据可以是任何数据，甚至包括图片和视频。

1.6 区块链技术的应用领域

随着区块链技术的成熟和普及,很多行业都在积极探索利用区块链技术来解决本行业的痛点问题。目前区块链技术主要在以下几个行业得到了相对广泛的应用。

1.6.1 区块链在金融行业的应用

区块链源于比特币,而比特币本身具有货币属性,因此区块链和金融服务有天然的结合点。不仅如此,由于区块链技术所拥有的高可靠性、简化流程、交易可追踪、节约成本、减少错误以及改善数据质量等特质,使得其具备重构金融业基础架构的潜力。

1. 金融行业痛点

目前金融行业最大的问题是每个机构都有自己的账本,机构之间在进行业务对接的时候需进行大量的对账、清算、结算等操作,这些操作都需要耗费大量的人力和物力。这不仅导致了用户端和金融机构中后台业务端等产生的支付业务费用高昂,也使得小额支付业务难以开展。在票据及供应链金融领域,业务因人为介入多,存在许多违规事件及操作风险。票据业务创造了大量流动性的同时,相关市场也容易滋生出违规操作或用户欺诈行为,进而导致商业银行的汇票业务事件集中爆发。

国内现行的汇票业务仍有约 70% 为纸质交易,操作环节处处需要人工,并且因为涉及较多中介参与存在管控漏洞、违规交易的违规操作从而提高了风险。同时由于机构之间的信息不对称很容易导致凭证伪造事件的发生。在证券领域,证券交易生命周期内的一系列流程耗时较长,增加了金融机构中后台的业务成本。在清算和结算领域,由于不同金融机构间的基础设施架构、业务流程各不相同,同时在具体操作过程中涉及很多人工处理的环节,这些因素极大地增加了业务成本同时也容易出现差错。在用户身份识别领域,不同金融机构间的用户数据难以实现高效的交互,使得重复认证成本较高,间接带来了用户身份被某些中介机构泄露的风险。

2. 区块链在金融行业的作用

区块链技术通过密码学原理从底层解决了数据的不可篡改和可追溯特性,利用这些特性监管机构可以非常方便地对整个交易过程实施精准、及时的监管。在事后追责的时候可以快速精准地获取证据。同时由于区块链是一个对等的共享账本,价值可以直接通过区块链进行安全高效的转移,这些特性可以节省大量清算以及结算相关的费用并且简化流程。

3. 区块链在金融行业的应用场景

应用场景 1:支付

在支付领域区块链可以摒弃中转银行的角色,实现点对点快速且成本低廉的跨境支付。

通过区块链的平台不但可以绕过中转银行以减少中转费用，还因为区块链安全、透明、低风险的特性提高了跨境汇款的安全性。同时由于区块链去中心化的特性可以加快结算与清算速度以提高资金利用率。在未来银行与银行之间可以不再通过第三方而是通过区块链技术以点对点方式进行支付。由于省去第三方金融机构的中间环节，不但可以实现全天候支付、实时到账，而且有助于降低跨境电商资金风险及满足跨境电商对清算服务及时性、便捷性的需求。

应用场景 2：票据与供应链金融业务

区块链可以实现票据价值传递的去中介化。长久以来票据的交易一直存在一个第三方的角色来确保有价凭证的传递是安全可靠的。在纸质票据中交易双方的信任建立在票据真实性的基础上，即使在现有电子票据交易中，也是需要通过央行 ECDS 系统的信息进行交互认证。但借助区块链的技术可以直接实现点对点之间的价值传递，不需要特定的实物票据或中心系统进行控制和验证。在供应链金融中也能通过区块链减少人工成本、提高安全度以及实现端到端的透明化。未来通过区块链技术供应链金融业务将能大幅减少人工的介入。所有参与方（包括供货商、进货商、银行）都能使用一个去中心化的账本共享文件并在达到预定的时间和结果时通过智能合约自动进行支付，这样将极大地提高效率并且能有效地减少交易中由于人工误操作而造成的损失。

1.6.2　区块链在供应链中的应用

产品从生产到销售，从原材料到成品直至最后抵达客户手里这个过程中涉及的所有环节都属于供应链的范畴。在供应链领域中多流程、多参与方的特性给区块链切入供应链系统提供了天然的基础。

1. 供应链行业的痛点

目前供应链系统中可能涉及几百个加工环节，几十个不同的地点，数目庞大的节点给供应链的追踪管理带来了很大的困难。由于供应链的整个过程并不公开，因此消费者没有办法确切核实所购买产品的真正价值，这也就意味着产品的价格是否与其价值相符我们也无从得知。此外供应链过程中若出现了非法经营活动时，执法人员该从哪里开始调查、该向谁问责一切都不容易。这些弊端直接导致了市面上仿冒产品泛滥，工厂老板强迫工人超负荷工作，工厂卫生条件不合格等违规现象的发生。

2. 区块链在物流行业中的应用

区块链作为一种分布式总账系统能够提高行业的透明度和安全性。相关专家看好区块链技术，相信它能够解决供应链目前存在的问题。区块链技术可以在不同分类账上记录下产品在供应链过程中涉及的所有信息，这些信息包括负责企业、价格、日期、地址、质量，以及产品状态等有用信息。由于共享账本具有可查询的特点，因此当客户想了解产品的时候只要查找相关分类账，这样无论是产品的原材料、产品整个加工工艺等信息都可以搜查到。因为分布式账本的分散性特点，相关厂家想要篡改产品数据几乎是不可能的。由于交易过程中所有的数据都是加密保护的，所以数据被窃取的问题是可以避免的。基于上述特性，我们认为区块链技术是改进供应链问题的最佳技术之一。

3. 区块链在物流行业的应用场景

应用场景1：物流

在物流过程中利用数字签名和公私钥加解密机制可以充分保证信息安全以及寄、收件人的隐私。例如，快递交接需要双方私钥签名，每个快递员或快递点都有自己的私钥，是否签收或交付只需要查一下区块链即可。最终用户没有收到快递就不会有签收记录，快递员也无法伪造签名，因此通过区块链可杜绝快递员通过伪造签名来逃避考核的行为，在减少用户投诉的同时还能有效地防止货物的冒领和误领。由于区块链的匿名性，真正的收件人并不需要在快递单上直观展示实名制信息，因此个人信息得到了保障。通过区块链技术的安全性，更多人会愿意接受实名制，从而促进国家物流实名制的落实。最后利用区块链技术中的智能合约功能，可以有效地简化物流程序并且大幅度提升物流的效率。

应用场景2：溯源防伪

区块链技术也可用于药品、艺术品、收藏品、奢侈品等的溯源防伪。我们以钻石为例，可以在钻石身份认证及流转过程中为每一颗钻石建立唯一的电子身份。同时记录每一颗钻石的属性并存放至区块链中。这样这颗钻石的来源、流转历史记录、归属或者所在地会被记录在链中，而且区块链中的数据天然具有防篡改性。通过区块链记录钻石的属性信息，在遇到诸如非法的交易活动或者欺诈造假的行为时，可以非常容易地通过区块链中的数据快速识别这些非法行为。

1.6.3 区块链在公证领域的应用

公证是公证机构根据自然人、法人或者其他组织的申请，依照法定程序对民事法律行为，有法律意义的事实和文书的真实性、合法性予以证明的活动。公证最核心的一点是存证信息的完整性和抗篡改性。由于区块链天然具备数据不可逆不可篡改的特性，因此区块链技术是非常适合公证系统的。

1. 公正领域的行业痛点

传统公证存在手续繁琐、处理低效等痛点。在当前中心化系统框架下的中心数据库承受着日益增长的数据存储和安全维护的双重压力。在公证行业内部、公证行业与其他部门之间的信息沟通、信息共享和信息协作中存在交流不够充分等问题。同时公证行业的业务领域由于面临国家政策调整等原因，导致一部分原有业务下滑和费用调整。还有电子存证业务开展受到第三方存证公司业务挑战，互联网公证也存在难以实现等问题。

2. 区块链在公证领域中的应用

区块链具有信息不可篡改、数据加密保存、所有节点保存完整副本等特点。这些特点具有天然帮助解决传统公证行业的困难和业务新诉求的属性。首先，区块链的去中心化决定了它的安全性和可扩展性，公证数据存储的难题在区块链技术下迎刃而解。其次，区块链可以提高公证业务网络服务平台的信息流畅性，在对个人隐私进行保护的同时提高办证效率。同时，区块链能从技术上保障在线和远程监管办证的质量。区块链还能实现有效监管公证业务的质量，做到责任追溯时有据可依。最后，区块链能够推进信息互联共享，进一步加强公证处与外部机构的协调沟通，为办理公证业务提供有效的信息核实手段等。通过区块链这个"创造信任的机器"结合原有被国家法律赋予的国家公信力可以达到"双信合一"，实现"政策＋科技"的双重增信。

3. 区块链在公证行业的应用场景

应用场景1：证书公证

区块链技术可以有效地解决证书公证中存在的问题。以学历证书为例，在应聘、考评等情况下，需对学历或所持毕业证书（学位证书）的真实性、合法性予以证明。尤其是在涉外学历证书时，对证书公证的需求更为频繁。但是目前中心化的证书验证平台给证书的伪造和篡改提供了可乘之机。如果将证书信息存放在区块链中，利用区块链的数据加密存储和数据不可逆的特性可以有效防止证书被篡改。同时由于区块链分布式总账的特性，相关合作机构可以通过部署节点的方式同步数据，这样即防止了相关机构篡改证书同时还可以提高证书的访问效率。

应用场景2：法律证据公证

对于经济体而言，每一份合同都可能成为日后的重要证据，对合同进行公证将极大有利于其法律权益的伸张。对于个人而言，取得关键法律证据的公证成为保护自身合法权益的关键，例如遗嘱公证以及语音、邮件、微信、微博等各种类型的法律证据，都是法律申诉的有力证据。律师作为专业法律咨询服务提供者，单位时间的效率十分重要，但往往由于"取证难"而耗费大量宝贵时间。如果有一种便利、简单的取证工具，将极大有利于个体合法权益的保护以及提升律师工作效率。区块链天生具有解决这些问题的属性。区块链中数据的防篡改和不可逆的特性可以有效避免伪造证据，同时由于区块链中的数据是所有参与方共同维护的，因此可以让所有参与方共同维护同一份证据链，这样能有效地避免单个证据的孤立性和证据链的断裂。

1.6.4　区块链在数字版权领域的应用

随着互联网特别是移动互联网的发展，数字出版已经形成较为完整的产业链，通过相关产业链网络作家可以获取可观的收入。但是目前数字版权的保护并没有得到很好的发展，数字内容的盗版现象非常严重。区块链技术的出现为数字版权的发展带来契机。

1. 数字版权行业的痛点

随着知识经济的兴起，知识产权已成为市场竞争力的核心要素。互联网是知识产权保护的前沿阵地，但当下的互联网生态里知识产权侵权现象非常严重，网络著作权官司纠纷频发。这些问题严重侵蚀原创精神，同时针对盗版问题也存在举证困难、维权成本过高等客观因素。因此侵权和盗版问题成为内容产业的尖锐痛点。侵权盗版制约着相关行业的进一步发展，同时各参与方都深受其害，其中作者等内容生产方一直处于弱势地位，缺少相应的话语权和主导权，创作积极性倍受打击。面对这些问题国家非常重视，各种政策和扶持计划频出，重拳解决版权保护难题。但是限于技术手段很难从根本上解决。

2. 区块链在数字版权中的应用

区块链基于数学原理解决了交易过程中所有权确认的问题，在价值交换活动中产生的记录及其记录都是可信的。区块链记录的信息一旦生成将永久记录并且无法篡改，除非能拥有全网络总算力的 51% 以上，才有可能修改最新生成的一个区块记录。这些特性可以保证数字版权的拥有者能够支配自己的智力成果。同时还可以借助区块链的账本属性在区块链中直接将自己的数字资产进行交易。

3. 区块链在数字版权的应用场景

应用场景 1：图书出版

区块链应用在图书出版行业中可以有效地保护图书的版权信息。图书在出版之前可以在区块链版权系统中进行相关版权信息的登记即确定了作品归属，相当于为原创内容登记了一张"数字身份证"。这样从源头保护原创版权，为后续的维权以及版权变现等需求打下良好的基础。

应用场景 2：音乐创作

音乐行业的市场规模巨大，但在传统模式下音乐人很难获得合理的收益。利用区块链技术使音乐整个生产和传播过程中的收费和用途都是透明并且真实的，这样能有效确保音乐人直接从其作品的销售中获益。另外，音乐人跨过出版商和发行商，通过区块链平台自行发布和推广作品，不但不需要担心侵权问题还能更好地管理自己的作品。

1.6.5 区块链在保险行业的应用

近年来借助互联网的东风，保险行业得到了快速的发展，但是在高速发展的同时由于互联网天生的缺陷也带来了诸如欺诈、骗保等负面影响。保险行业在呼唤新技术能够解决这些问题。区块链的出现在某种程度上让保险行业有了二次腾飞的翅膀。

1. 保险行业的痛点

保险行业中保险公司要接触大量的 C 端用户，会花费大量的时间和精力收集和甄别客户信息。这些步骤直接导致了用户身份认证非常困难。目前的保险数据都是采用中心化数据库的存储方式，因此存在单一节点易被控制等隐患。保险公司在承保和理赔的过程中掌握了客户大量诸如身份、医疗健康等敏感信息，这些信息一旦泄露会给保险公司和投保人带来非常严重的后果。

2. 区块链在保险行业中的应用

区块链技术的安全、信任、自动化、可追溯性等特点可以应用于保险行业的承保管理、运营风险管控、客户服务、信息安全、保险反欺诈等领域。同时区块链技术也给保险行业在商业模式创新等方面提供了一个不同的视角和全新的实现路径。区块链将成为保险创新的新动力。首先，区块链技术可以数字化管理个人数据，精简的数字认证，通过区块链技术，保险公司与个人之间可以建立更直接、更有效的关系。其次，区块链能够进一步打破不同地域的地理隔阂，让保险的覆盖率可以从空间上进行调整，积极推动了金融的包容性。最后，区块链技术的出现可以促进合约自动化的进程，通过使用智能合约来实现效率的提升并使某些保险产品随着时间的推移实现自我管理。

3. 区块链在保险行业的应用场景

区块链应用在保险行业中可以优化保险业务流程，助力保险服务体验升级。保险公司可提供用户信息，这些信息经过审查验证后写入区块链，购买不同保险时无须重复输入个人信息，在区块链上查询即可，这能大大缩短投保时间。区块链技术还可以实现自动理赔。利用区块链的智能合约技术可以将理赔条件编写在智能合约中，一旦达到特定出险条件，即可快速理赔。

利用区块链的共享账本特性可以加强行业信息共享，降低保险机构运营成本。利用区块链开源、透明的特点，可构建各保险机构为节点的联盟区块链，实现保险业信息的有效共享。例如在共保或再保情形下，保险事件发生后合同相关的所有保险人、再保险人、承保代理人均希望跟进理赔流程并开展谈判。若通过搭建区块链，将理赔文件编写入区块链，所有成员机构均能监测到理赔进展并参与更新，这样不仅能保证文件准确度更能极大缩短理赔时间，降低运营成本。

通过区块链还可以构建信用机制和安全体系，服务反保险欺诈和反洗钱等工作。区块链可追溯且不可篡改的特性，在反保险欺诈、反洗钱等领域将具有广泛应用。比如，可构建被保险人医疗信息区块链，经过授权的医院或医生把病人医疗信息写入区块链，保险公司在核保时通过查询被保险人的相应医疗信息，可避免带病投保、虚假赔案等欺诈行为。

1.6.6 区块链在公益慈善领域的应用

随着互联网技术的发展，社会公益的规模、场景、辐射范围及影响力得到空前扩大。"互联网+公益"、普众慈善、指尖公益等概念逐步进入公益主流。这些模式不仅丰富了传统慈善的捐赠方式，同时推动了公众的公益行为向碎片化、小额化、常态化方向发展。同时，各式各样的公益项目借助互联网实现丰富多彩的传播，使公益的社会影响力被成百倍地放大。

1. 公益慈善领域的行业痛点

慈善机构要获得持续支持，就必须具有公信力，而信息透明是获得公信力的前提。公众关心捐助的钱款、物资发挥了怎样的作用。既要知道公益机构做了什么，也要知道花了多少，成本有多高。这种公信度的高低和公益的成效决定了公益机构能否获得公众的认同和持久支持。然而，在过去几年里公益慈善行业爆出的一些"黑天鹅"事件，极大地打击了民众对公益行业的信任度。公益信息不透明不公开，是社会舆论对公益机构、公益行业的最大质疑。公益透明度影响了公信力，公信力决定了社会公益的发展速度。信息披露所需的人工成本，又是掣肘公益机构提升透明度的重要因素。

2. 区块链在公益慈善领域中的应用

区块链从本质上来说是利用分布式技术和共识算法重新构造的一种信任机制，是用共信力助力公信力。区块链上存储的数据高可靠且不可篡改，天然适合用在社会公益场景。公益流程中的相关信息，如捐赠项目、募集明细、资金流向、受助人反馈等，均可以存放于区块链上，在满足项目参与者隐私保护及其他相关法律法规要求的前提下，有条件地进行公开公示。

为了进一步提升公益透明度，公益组织、支付机构、审计机构等均可加入进来作为区块链系统中的节点，以联盟的形式运转，方便公众和社会监督，让区块链真正成为"信任的机器"，助力社会公益的快速健康发展。

区块链中智能合约技术在社会公益场景也可以发挥作用。对于一些更加复杂的公益场景，比如定向捐赠、分批捐赠、有条件捐赠等，就非常适合用智能合约来进行管理，使得公益行为完全遵从预先设定的条件，更加客观、透明、可信，杜绝过程中的猫腻行为。

3. 区块链在公益慈善领域的应用场景

区块链与公益的结合，有丰富的应用场景和想象空间，目前已经有真实的应用案例投产上线。2016 年 7 月，支付宝与公益基金会合作，在其爱心捐赠平台上设立了第一个基于区块链的公益项目，为听障儿童募集资金，帮助他们"重获新声"。在这次的项目中，捐赠人可以看到一项"爱心传递记录"的反馈信息，在进行了必要的隐私保护基础上，展示了自己的捐款从支付平台划拨到基金会账号，以及最终进入受助人指定账号的整个过程。通过区块链技术既保障了公益数据的真实性，又能帮助公益项目节省信息披露成本，充分体现出了区块链公益的价值。

1.6.7 区块链与智能制造

智能制造（Intelligent Manufacturing，IM）是一种由智能机器和人类专家共同组成的人机一体化智能系统，它在制造过程中能进行智能活动，诸如分析、推理、判断、构思和决策等。通过人与智能机器的合作共事，去扩大、延伸和部分取代人类专家在制造过程中的脑力劳动。在智能制造的过程中不存在传统制造中的设计图纸，所有的制作标准高度数字化。但是，另一方面数字化也带来了其他结果。在缺乏强大的数据保护框架之下，数字化的参数在传递的过程中存在数据失窃和被篡改的可能性。区块链技术能有效地避免这些问题的发生。

1. 智能制造行业的痛点

实施智能制造的重点任务就是要实现制造企业内部信息系统的纵向集成，以及不同制造企业间基于价值链和信息流的横向集成，从而实现制造的数字化和网络化。在现实中由于制造设备和信息系统涉及多个厂家，原本中心化的系统主要采用人工或中央电脑控制的方式，实时获得制造环节中所有信息的难度很大。同时所有的订单需求、产能情况、库存水平变化以及突发故障等信息都存储在各自独立的系统中，而这些系统的技术架构、通信协议、数据存储格式等等各不相同。这些因素都严重影响了互联互通的效率，也制约了智能制造在实际生产制造过程中的应用。

2. 区块链在智能制造领域中的应用

利用区块链技术，可有效采集和分析在原本孤立的系统中存在的所有传感器和其他部件所产生的信息，并借助大数据分析，评估其实际价值。通过这些数据可以对后期制造过程进行预期分析，从而帮助企业快速有效地建立更为安全的运营机制。数据透明化使研发审计、生产制造和流通更为有效，同时也为制造企业降低了运营成本和制造成本，提升了良品率，使企业具有更高的竞争优势。智能制造的价值之一就是重塑价值链，而区块链有助于提高价值链的透明度、灵活性，并能够更敏捷地应对生产、物流、仓储、营销、销售、售后等环节存在的相关问题。

3. 区块链在智能制造的应用场景

应用场景1：组建和管理工业物联网

组建高效、低成本的工业物联网，是构建智能制造网络基础设施的关键环节。在传统的组网模式下，所有设备之间的通信必须通过中心化的代理通信模式实现，设备之间的连接必须通过网络。这种模式极大提高了组网成本，同时系统的可扩展性、可维护性和稳定性都不是很好。区块链技术利用 P2P 组网技术和混合通信协议有效处理异构设备间的通信问题，将显著降低中心化的数据中心建设和维护的成本。同时区块链技术可以将计算和存储需求分散到组成网络的各个设备中，有效阻止了网络中任何单一节点的失败而导致整个网络崩溃的情况发生。另外，区块链中分布式账本的防篡改特性能有效防止工业物联网中任何单节点设备被恶意攻击和控制后带来的信息泄露和恶意操控风险。

应用场景 2：生产制造过程的智能化管理

在传统的生产模式下，设备的操作、生产和维护记录是存储在单一、孤立的系统中，一旦出现安全和生产事故，企业、设备厂商和安全生产监管部门难以确保记录的真实性与一致性，也不利于后续事故的防范及设备的改进。利用区块链技术能够将制造企业中的控制模块、系统、通信网络、ERP 等相关系统连接起来并通过统一的账本，让企业、设备厂商和安全生产监管部门能够长期、持续地监督生产制造的各个环节，从而提高生产制造的安全性和可靠性。同时，区块链账本记录的可追溯性和不可篡改性也有利于企业审计工作的开展，便于发现问题、追踪问题、解决问题以达到优化系统的目的。

1.6.8 区块链在教育就业中的应用

教育就业作为社会文化传授、传播的窗口，需要实现学生、教育机构以及用人就业单位之间的无缝衔接，以提高教育就业机构的运行效率和透明度。区块链系统的透明化、数据不可篡改等特征，完全适用于学生征信管理、升学就业、学术、资质证明、产学合作等方面，对教育就业的健康发展具有重要的价值。

1. 教育行业的痛点

在教育就业行业中由于学生信用体系不完整导致未能建立学生相关信息的历史数据信息链和相关的数据维度。这些问题导致政府、企业无法获得完整有效信息，从而直接导致学生无法便捷、公平地享受应有的服务。在就业过程学历造假、论文造假、求职简历造假等现象的存在直接使得用人单位、院校缺乏有效的验证手段，进而降低了学校与企业间、院校与院校间的信任度。除此之外，一些学术性实验、跨校组织的公开课以及多媒体教学资源等在网络上产生版权和学术纠纷，这些纠纷对学者以及研究人员产生了消极影响，进一步削弱了高等学府对学术研究的积极性。

2. 区块链在教育就业中的应用

利用区块链技术对现存运行方案的不足之处进行优化，能有效简化流程和提高运营效率，并且能及时规避信息不透明和容易被篡改的问题。利用分布式账本记录跨地域、跨院校的学生信息可以方便追踪学生在校园时期所有正面以及负面的行为记录，能帮助有良好记录的学生获得更多的激励措施，并构建起一个良性的信用生态。利用区块链技术可为学术成果提供不可篡改的数字化证明，为学术纠纷提供权威的举证凭据，降低纠纷事件消耗的人力与时间。同时，这种数字化证明可以与已有的应用无缝整合，为每一个文字、图片、音频、视频加盖唯一的时间戳身份证明，交叉配合生物识别技术，从根本上保障了数据的完整性、一致性以达到保护知识产权的目的。

3. 区块链在教育就业的应用场景

应用场景1：教育存证

在教育存证领域，基于区块链的学生信用平台可创建含有基本信息的数字文件，然后使用用户的私钥对证书的内容进行签名，再对证书本身附加签名。依赖于生成的哈希值，可以验证证书内容是否被篡改。最后，再用私钥在区块链上创建一条数字记录，保证用户信息和证书内容的一致性。教育机构利用自己的私钥签署一份具有完整信息记录的数字证书，将其哈希值存储在区块链中，在每一次发放和查询时都会由智能合约触发相应的多重签名校验以确保记录不会被恶意查询，交易输出时将数字证书分配给需求方，如学生或者用人单位。

应用场景2：产学合作

产学合作是教育机构与用人单位之间多赢的机制，现在教育存在的问题之一就是封闭办学，即学生的技能信息、知识体系未与用人单位的技能需求、市场趋势保持信息对称。通过引入区块链技术实现学生技能与社会用人需求无缝衔接，可精确评估人才录用、岗位安排的科学性和合理性，有效促进学校和企业之间的合作。

1.7 区块链的其他常见技术框架

区块链技术从诞生至今，除了比特币之外，相关技术社区根据区块链技术原理已经实现了很多技术框架。在上文提到了区块链技术框架中极具代表性的三个技术框架，比特币、以太坊、超级账本。这三个技术框架会在后面章节中重点介绍，这里不再复述。除了这三个典型的技术框架之外，还有许多基于区块链基本原理实现的技术框架。这些框架都有自身的特点，每个框架解决问题的侧重点也是不一样的，我们选择其中比较有代表性的介绍给读者以供参考。

1. Corda

Corda是由R3CEV推出的一款分布式账本平台，其借鉴了区块链的部分特性，例如UTXO模型以及智能合约，但它在本质上又不同于区块链，并非所有业务场景都可以使用这种平台，Corda面向的是银行间或银行与其商业用户之间的互操作场景。

项目地址如下所示：

https://github.com/corda/corda

2. BigChainDB

BigChainDB 填补了去中心生态系统中的一个空白,是一个可用的去中心数据库。它具有每秒百万次写操作、存储 PB 级别的数据和亚秒级响应时间的性能。BigChainDB 的设计起始于分布式数据库,通过创新加入了很多区块链的特性,如去中心控制、不可改变性、数字资产的创建和移动。

BigChainDB 继承了现代分布式数据库的特性:吞吐量和容量都是与节点数量线性相关,功能齐全的 Nosql 查询语言,高效的查询和权限管理。因为构建在已有的分布式数据库上,它在代码层面也继承了企业级的健壮性。可扩展的容量意味着具有法律效力的合同和认证可以直接存储在区块链数据库里。权限管理系统支持从私有企业级区块链数据库到开放公有的区块链数据库配置。BigChainDB 是对于像以太坊这样的去中心处理平台和 Inter Planetary File System(IPFS)这样的去中心文件系统的补充。

项目地址如下所示:

https://github.com/bigchaindb/bigchaindb

1.8 本章小结

本章的目的是让不了解区块链的读者能对区块链有一个宏观的认识,主要介绍了区块链的起源和演进路线、区块链的核心技术及其特性、区块链技术的缺点和人们对它的错误认识,以及区块链在不同行业的应用。

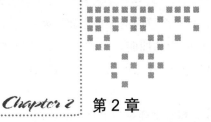

Chapter 2 第 2 章

实战准备

区块链技术是由多种技术组合而成的一个技术栈,要正确了解和掌握区块链技术需要对整个区块链技术栈有一个初步的了解。本章会介绍区块链系统中经常用到的一些技术和工具,这些工具在使用区块链技术的时候经常被用到。在作者运营区块链技术论坛的过程中,通过对数百个问题进行分析之后我们发现,很多区块链技术问题都不在区块链本身,而是由于对区块链周边一些技术的不熟悉而引起的。我们建议读者在阅读本书后续内容之前,首先仔细阅读本章内容。

2.1 开发环境准备

学习和使用区块链技术,除了要对区块链平台的开发语言有所了解之外,还需要了解操作系统、虚拟机软件等相关技术,这些技术在区块链的使用过程中占有比较重要的比重。我们这套系列书的实战项目主要是基于 Fabric、以太坊、比特币这三个平台。本节内容将重点介绍这三个区块链主流技术平台对操作系统的要求。

2.1.1 操作系统的配置

目前主流的区块链平台基本上都支持 Linux、MacOS、Windows 这三个常用的操作系统。但是由于各个平台本身的特性,我们建议在 Linux 或者 MacOS 系统中部署和测试区块链平台。Linux 可以选择 CentOS 或者 Ubuntu 这两个平台。如果平时比较习惯 Windows 系统,那么我们建议另外准备一台安装 CentOS 或者 Ubuntu 的机器。如果没有条件,可以选择虚拟机器软件 xbox 或者 vmware 来安装一台虚拟的操作系统。

本书是一本实战性很强的书，书中涉及大量的实际操作过程。因此在开始阅读本书后续章节之前，我们建议读者先准备相关的硬件，建议配置如下：
- 一台 MacOS 系统的电脑
- 一台 Ubuntu 系统的电脑
- 一个 Windows 系统的机器 + 一台安装 CentOS 或者 Ubuntu 的实体机（如果条件不具备，通过虚拟机软件安装 CentOS 或者 Ubuntu 也是可以的）

> 注意：在一台安装有 Windows 系统的电脑上面运行本书后面的例子时可能会遇到问题。

在学习环境中可以按照上面的配置，但是在生产环境中一般都将区块链系统部署在 Linux 平台之上，可以是 CentOS 或者 Ubuntu。各个区块链平台对操作系统的版本要求是不一致的，在后续章节中我们将详细介绍各个区块链平台对操作系统的要求。

2.1.2　Docker 的使用

Docker 是一个开源的应用容器引擎，它让开发者可以打包他们的应用以及依赖包到一个可移植的容器中，然后发布到任何流行的 Linux 机器上，也可以实现虚拟化，容器完全使用沙箱机制，相互之间不会有任何接口。Docker 在区块链相关的技术平台中应用非常广泛，特别在 Fabric 中几乎无法离开 Docker。本节中我们将给大家介绍 Docker 的安装方式以及几个常用的 Docker 命令。

1. Docker 的安装和配置

（1）Ubuntu 上面安装 Docker

执行下面的命令安装 Docker 和 Docker Compose：

```
apt install docker.io
apt install docker-compose
```

安装完成之后系统会自动启动 Docker。

（2）CentOS 上面安装 Docker

由于 CentOS 在启动程序的时候有所不同，有的版本采用 service 命令启动，有的版本采用 systemctl 命令，为此我们在可能出现重复的地方同时标注两个命令，各位读者在进行实践操作的时候要注意。

执行下面的命令：

```
yum install docker python-pip
pip install --upgrade pip
```

```
pip install docker-compose
```

安装完成之后需要执行下面的命令启动 docker：

```
service docker start
```

docker 安装完成之后执行以下命令检查是否打开 http 通道，否则后面会出现无法识别的错误。

```
curl -XPOST --unix-socket /var/run/docker.sock -d '{"Image":"nginx"}' -H 'Content-Type: application/json' http://localhost/containers/create
```

2. Docker 的常用命令

（1）查看 Docker 版本

```
docker version**
```

（2）查看镜像的列表

```
docker images
```

（3）查看正在运行的镜像

```
docker ps
```

（4）查看容器的详细信息

```
docker inspect 142aef786231
```

docker inspect 后面的参数是 docker ps 命令返回结果中的 CONTAINER ID 字段的值，这是一个非常重要的命令。

（5）运行镜像

```
docker start -it -p 8880:80 nginx
```

docker start（start 后面的参数为容器编号或者容器名称，在执行完 docker create 命令之后，可以通过 docker ps -a 命令获取）。

（6）创建容器并且运行容器

```
docker run -d -p 8880:80 nginx
```

- -d：守护进程运行。
- -p：端口映射，后面的是 Docker 容器内的端口，前面的是宿主服务器的端口。
- nginx：是镜像的名字。

（7）查询本镜像

```
docker images
```

（8）停止正在运行的镜像实例（容器）

```
docker stop 0067a3c9ef6c
```

> **注意** stop 后面的参数是镜像运行实例的编号，可以支持运行多个镜像的实例（多个容器），镜像实例的编号可以通过命令 docker ps 获取，CONTAINER ID 就是实例的编号。

（9）进入容器

```
docker exec -it c4dbfde3b039 /bin/bash
```

其中 -it 后面的就是容器实例的编号，获取实例编号的方法上面已经说过了。

（10）导出 Docker 镜像

```
sudo docker save -o 导出的文件路径 镜像名称：版本号
```

（11）导入 Docker 镜像

```
docker load --input 镜像文件名
```

（12）查询 hub.docker.com 中的镜像

```
docker search
```

（13）下载 hub.docker.com 中的镜像

```
docker pull nginx
```

（14）删除本地已经存在的镜像文件

```
docker rmi 镜像名称或者镜像编号
```

> **注意** 如果直接用，可以在镜像名字的后面加上 :+ 标签号。

（15）停止容器并删除

```
docker kill $(docker ps -q)&&docker rm $\(docker ps -qa\)
```

停止所有正在运行的 Docker 容器，然后删除所有 Docker 容器文件。这两个命令可以拆开运行。

（16）根据关键字删除 Docker 镜像

```
docker rmi -f $\(docker images\|grep $keyword\|awk '{print $3}'\)
```

删除已经下载的 Docker 镜像，上述命令中的参数 $keyword 为所删除文件中包含的关键字。比如 $keyword 的值为 "fabric"，那么上述命令将会删除名称中包含 "fabric" 字符串的镜像文件。

2.1.3　Git 的使用

Git 是一个开源的分布式版本控制系统，用于敏捷高效地处理任何或小或大的项目。Git 与常用的版本控制工具 CVS、Subversion 等不同，它采用了分布式版本库的方式，不需要服务器端软件支持。Git 在没网的时候仍然可以使用大部分命令信息操作，在网络恢复的时候再跟服务器进行同步，这样可以更好地实现多人联合编程。

目前几乎所有的区块链项目都是开源项目，这些开源项目的源代码都是托管在 github 上面的，了解常用的 Git 命令对阅读本书特别是操作本书提供的示例还是有帮助的。下面我们将介绍常用的几个 Git 命令。

1. 将远程的版本库克隆到本地

```
git clone
```

2. 获取当前版本库的状态

```
git status
```

3. 提交代码

```
git add .  或者 git add 文件名
git commit -m 注释
git push
```

4. 从远程版本库获取最新的代码更新

```
git pull
```

2.2　开发语言

本书介绍的区块链技术中主要涉及 Golang、Node.js 等编程语言。了解这些编程语言的特性对学习和使用相关的区块链技术平台是有帮助的。

2.2.1　GO 语言

Go 语言又称为 Golang（本书中一律称为 Golang），是谷歌 2009 年发布的第二款开源编程语言。Go 语言专门针对多处理器系统应用程序的编程进行了优化，使用 Go 编译的程序可以媲美 C 或 C++ 代码的速度，而且更加安全，支持并行进程。目前大多数区块链项目都是用 Go 语言开发的（如以太坊、Fabric）。但比特币由于出现年份稍早，因此采用 C++ 语言开发，所以针对比特币的项目需要了解以下 C++ 语言。

　　Go 语言是区块链平台的开发的重要语言。在学习区块链平台使用的过程中，为了更好地理解这些平台的技术特性有时候需要阅读相关项目的源代码，熟练掌握 Go 语言的基本语法特性是必要的。由于本书篇幅的限制，我们只列出对本书项目有用的一些特性供大家参考。

　　1. Go 语言的路径

　　Go 语言的包路径是 Go 语言中比较容易出错的部分，很多初学者在这个步骤容易出错。要彻底搞清楚 Go 语言的包路径问题可能需要参考专门的资料，这里不再详细说明。我们建议读者把所有的 Go 项目包括 Fabric 源代码和所有 Chaincode 代码都存放在 GOPATH 设定的路径下面。

　　下面是我编写的 GOPATH 路径和项目结构的示例。如果你对 Go 语言比较熟悉可以跳过这部分内容直接阅读后面的内容。

　　在命令行中执行命令 go evn，结果如下所示：

```
GOARCH="amd64"
GOBIN=""
GOEXE=""
GOHOSTARCH="amd64"
GOHOSTOS="darwin"
GOOS="darwin"
GOPATH="/project/goworkspace"
```

　　从上面的信息中可以看出作者的 GOPATH 为文件夹 /project/goworkspace。通过 tree 命令可以获取该文件夹中项目的结构如下：

```
├── github.com
│   ├── 17golang
│   ├── golang
│   ├── hyperledger
│   ├── satori
│   └── xuehuiit
├── golangstudy
│   ├── main
│   ├── study
│   └── utils
└── qklszzl
    └── chaincodestudy
```

　　这里将所有项目都存放在 GOPATH 所设定的目录中的 src 文件夹中，也许不是最好的项目结构方式，但是考虑到读者有很多人是初次接触 Golang，这种方法能减少出错的几率。如果读者对 Golang 比较熟悉，可以选择自己熟悉的项目结构方式。

2. Golang 的 IDE 工具

Goland 是 Golang 集成开发环境，提供了代码提示、语法错误提示、程序调试等功能。可以通过下面的网址下载：

https://www.jetbrains.com/go/

2.2.2　Node.js

Node.js 是一个基于 Chrome V8 引擎的 JavaScript 运行环境。Node.js 使用了一个事件驱动、非阻塞式 I/O 的模型，使其轻量又高效。Node.js 的包管理器 npm，是全球最大的开源库生态系统。Node.js 这门语言本身和区块链的关系不是很大，但是很多优秀的基于区块链的开源项目都是基于 Node.js 开发的，这些应用对我们学习和使用区块链的技术提供了很好的借鉴作用，有时候我们需要阅读这些项目的源码来验证我们的想法。

本书所有的实战项目也都是用 Node.js 开发的，因此了解 Node.js 相关的特点有助于更好地阅读与理解本书的内容。Node.js 使用的是 Javascript 的语法特性，如果你对 Javascript 不是非常熟悉可以参考相关的资料。

Node.js 的 IDE 我们推荐使用 webstorm。webstorm 是功能丰富的 Node.js 集成开发环境，提供了代码提示、调试器等常用功能。可以通过以下路径下载：

https://www.jetbrains.com/webstorm/

2.3　常用工具

2.3.1　Curl

Curl（Command Line URL Viewer）是一个 Linux/Windows 命令行工具。Curl 能从服务器下载数据，也能往服务器上发送数据。Curl 支持多种协议，包括：DICT、FILE、FTP、FTPS、GOPHER、HTTP、HTTPS、IMAP、IMAPS、LDAP、LDAPS、POP3、POP3S、RTMP、RTSP、SCP、SFTP、SMB、SMBS、SMTP、SMTPS、TELNET 和 TFTP。 从 Curl 支持的协议就可以看出，CURL 命令非常强大。在区块链系统中，有些时候需要通过 Curl 来快速调用相关的 JSON-RPC 接口，以便快速完成相关的操作。

由于本书篇幅有限，无法详细介绍 Curl 所有的命令，并且在区块链系统中只需用到 Curl 中的部分命令，因此本节中只简单介绍 Curl 在各个平台上的安装，在后续章节中我们会在需要的时候详细地介绍相关的命令。

Curl 工具 CentOS 中的安装：

```
yum install curlapt install curl
```

Curl 工具 Ubuntu 中的安装:

```
apt install curl
```

2.3.2 tree

tree 命令是 Linux/UNIX 系统中常用的命令,可以非常方便地查看文件夹的结构,并且以树形目录的形式展现。命令执行结果示例如下所示:

```
.
├── ordererOrganizations
│   └── robertfabrictest.com
│       ├── ca
│       ├── msp
│       ├── orderers
│       ├── tlsca
│       └── users
└── peerOrganizations
    ├── org1.robertfabrictest.com
    │   ├── ca
    │   ├── msp
    │   ├── peers
    │   ├── tlsca
    │   └── users
    ├── org2.robertfabrictest.com
    │   ├── ca
    │   ├── msp
    │   ├── peers
    │   ├── tlsca
    │   └── users
    └── org3.robertfabrictest.com
        ├── ca
        ├── msp
        ├── peers
        ├── tlsca
        └── users
```

tree 命令的安装非常简单,tree 命令 Ubuntu 和 CentOS 的安装方式分别如下所示。

tree 命令 Ubuntu 中的安装:

```
sudo apt-get install tree
```

tree 命令 CentOS 中的安装:

```
yum install tree
```

2.3.3 Jq

Jq 是 Linux 处理 JSON 文件的工具,Jq 是一个基于命令行的工具,通过简单的命令可以完成对 JSON 格式文件的操作,比如取值、设值等操作。Jq 工具在 Ubuntu 和 CentOS 中的安装方式分别如下所示。

Jq 工具在 Ubuntu 中的安装:

```
apt-get install jq
```

Jq 工具在 CentOS 中的安装:

```
yum install jq
```

2.4 本章小结

本章的内容看起来和区块链及技术关系不大,但是在区块链技术的实际使用中还是具有比较重要的作用。虽然这些小技术不是什么复杂而宏大的技术,但是对它们任何的一个忽略都能会在后续的实际操作中带来障碍。我们可以躲避大树,但是尝尝被小石头绊倒。通过阅读本章的内容可以有效地避免这些小障碍。

第 3 章 Chapter 3

以太坊介绍

3.1 了解以太坊

1. 以太坊产生的背景

以太坊的创始人 Vitalik Buterin 看到了比特币区块链技术上的缺陷，希望能够让区块链技术应用在加密货币以外的领域，以太坊希望成为像 TCP/IP 协议这样的标准，能让以太坊区块链协议内置编程语言，兼容各种区块链的应用，不用像过去那样各自为政分别定义自己的区块链协议，只能支持少数应用且彼此互不兼容，而是让开发者能够在以太坊定义好的区块链协议下使用程序语言进行高效快速的应用开发。正因为以太坊的可编程性让以太坊能有无限宽广的可能性，所以可以建构复杂的智能合约（Smart Contract）、去中心化的自治组织 DAO（Decentralized Autonomus Organization）、去中心化的自主应用 DApps（Decentralized Autonomous Apps），或是其他的虚拟加密货币。以太坊就像是一台全球电脑，任何人都可以上传与执行应用程序。

2. 以太坊是什么

根据以太坊白皮书的定义：以太坊是一个全新开放的区块链平台，它允许任何人在平台中建立和使用通过区块链技术运行的去中心化应用。就像比特币一样，以太坊不受任何人控制，也不归任何人所有，它是一个开放源代码项目，由全球范围内的很多人共同创建。和比特币协议有所不同的是，以太坊的设计十分灵活，极具适应性。在以太坊平台上创立新的应用十分简便，随着 Homestead 的发布，任何人都可以安全地使用该平台上的应用。

3. 以太坊的优点

以太坊是为了解决比特币的一些不足而诞生的，所以以太坊的优点是基于对比特币的不足做出改进，根据白皮书中描述的以太坊有如下几个优点。

- 账户。以太坊没有使用比特币 UTXO 模式，采用的是 Account 模式，采用 Account 模式有以下几点好处：1）节省空间，每笔交易只有一个输入、一个输出、一个签名；2）可替代性更高；3）编码简单，不需要更为复杂脚本；4）轻客户端。
- 共识算法。以太坊采用的共识算法也是 POW，不过对比特币的 POW 做了一些改进，以太坊的 POW 是内存难解的，这个算法使现有的比特币 ASIC 矿机在以太坊币上没有什么明显的优势，在以太坊的发展路线图中会逐步从 POW 过渡到 POS。
- 智能合约。以太坊中引入了图灵完备的智能合约，在智能合约上用户可以开发 DApps 应用，也可以定义一个数字资产。

4. 以太坊的缺点

以太坊也有缺点，比如：

- 目前以太坊区块链不适合快速、大量交易，或是需要储存较大数据的情景。
- 智能合约一经部署就永远存在，且不可更改，除非拥有者调用智能合约中的自毁（selfdestruct）功能。如何升级合约并保存其中的参数与代币，是一个值得探讨的课题。
- 以太坊网络节点上并不适合储存较大的文件。目前有 Swarm 与 IPFS 等分布式存储方案可供选择。

3.2 以太坊发展路线

以太坊的发展分成了四个阶段，即 Frontier(前沿)、Homestead(家园)、Metropolis(大都会)和 Serenity（宁静），在前三个阶段以太坊共识算法采用工作量证明机制（POW），在第四阶段会切换到权益证明机制（POS），阶段之间的转换需要通过硬分叉的方式实现。

- Frontier（前沿）

在 2015 年 7 月 30 日，以太坊发布了 Frontier 阶段，这时候的软件还不太成熟，但是可以进行基本的挖矿，测试去中心应用（DApps）。由于 Frontier 阶段的以太坊客户端只有命令行界面，没有图形界面，所以该阶段的参与者主要开发者。

- Homestead（家园）

在 2016 年 3 月 14 日（圆周率节），以太坊发布了 Homestead 阶段。Homestead 阶段与 Frontier 阶段相比，没有明显的技术性里程碑，只是表明以太坊网络已经平稳运行，不再是不安全和不可靠的网络了。在此阶段，以太坊提供了图形界面的钱包，易用性得到极大改善，以太坊不再是开发者的专属，普通用户也可以方便地体验和使用以太坊。

- Metropolis(大都会)

Metropolis 被分成了两个阶段:Byzantium(拜占庭)和 Constantinople(君士坦丁堡)。2017 年 10 月 16 日,以太坊 Byzantium(拜占庭)硬分叉成功,标志着以太坊正式进入了大都会的第一阶段。Byzantium(拜占庭)引入了大量新特性,主要包括:zk-SNARKs(简明非交互零知识证明)、revert 功能、returndata 和抽象账户。Constantinople(君士坦丁堡)计划了 2018 年部署,其主要特性就是平滑处理掉所有由于拜占庭所引发的问题,并引入 PoW 和 PoS 的混合链模式。

- Serenity(宁静)

Serenity 是以太坊最后一个阶段,具体实施要到 2019 年春季后,在 Serenity 阶段,以太坊将从 PoW 转换到 PoS。

3.3 以太坊内置货币

以太坊里的内置货币叫做 Ether,简称 ETH。以太币每年的产量是固定的,以太币总量 =ICO 众筹期间发行的以太币 + 区块奖励 + 叔块奖励 + 叔块引用奖励。

- ICO 众筹期间发行的以太币

2014 年 7~8 月,以太坊 ICO 众筹大约发行了 7200 万以太币。ICO 众筹阶段之后,以太币每年的产量被限制在 7200 万以太币的 25%,即每年以太币的矿产量,不高于 1800 万。

- 区块奖励

每产生一个新区块就会产生 5 个新以太币。

- 叔块奖励

如果挖出的叔块在之后的区块链中被作为叔块引用,那么会给挖出叔块的矿工大约 4.375 个以太币作为奖励。

- 叔块引用奖励

矿工每引用一个叔块,就会得到大约 0.15 个以太币,最多引用两个叔块。

从严格意义上来说,以太币不能算是货币,比特币则是更好的货币,以太币在以太坊中主要是作为燃料货币使用,以太币是用来支付部署智能合约,调用智能合约时所消耗的燃料(gas)。

以太币的最小单位是 Wei,1ether = 10^{18}Wei。

表 3-1 货币单位

单位	以 wei 表示
wei	1
kwei	1000

（续）

单位	以 wei 表示
ada	1000
femtoether	1000
mwei	1000000
babbage	1000000
picoether	1000000
gwei	1000000000
shannon	1000000000
nanoether	1000000000
nano	1000000000
szabo	1000000000000
microether	1000000000000
micro	1000000000000
finney	1000000000000000
milliether	1000000000000000
milli	1000000000000000
ether	1000000000000000000
kether	1000000000000000000000
grand	1000000000000000000000
einstein	1000000000000000000000
mether	1000000000000000000000000
gether	1000000000000000000000000000
tether	1000000000000000000000000000000

3.4 以太坊交易吞吐量

交易吞吐量指的是在以太坊区块链中每秒钟能够处理通过的交易数量，但是以太坊区块链系统跟传统分布式系统不同，其处理性能无法通过单纯增加节点数和提高单个节点的处理性能来进行扩展，计算以太坊交易吞吐量公式：

交易吞吐量 = 交易数量 / 每秒 =(gasLimit/gas)/ 出块速度

以太坊上的区块容量跟 gasLimit 有关，目前以太坊上 gasLimit 大小为 6771518。在以太坊上消耗 gas 数量最小的操作是发送支付交易，支付交易消耗的 gas 数量为 21000

```
// 估算支付交易所需的 gas
var gas = web3.eth.estimateGas({
    from: web3.eth.accounts[0],
    to: web3.eth.accounts[1],
    value: web3.toWei(1, 'ether')
```

```
});
console.info(gas);// 21000
```

目前以太坊上出块的平均速度为 15s，套用上面的公式得出（6771518/21000）/15=21，即以太坊上目前交易吞吐量为每秒 21 笔交易。其实根据上面的公式交易吞吐量 = 区块包含交易数量 / 出块时间可以看出区块链上交易吞吐量与两个参数有关：

- 区块大小。区块容量越大，那么包含的交易数量就越多，但区块大小也会影响出块时间。
- 出块时间。如果出块时间越小，那么交易吞吐量就越大，但出块时间过小也会影响区块的大小。

3.5 以太坊账户

以太坊中的账户使用的是 Account 模型，并不是比特币中的 UXTO 模型，以太坊中有两类账户：外部账户（EOA）和合约账户。

外部账户由私钥控制，每个账户都有自己的余额。拥有者可以通过创建和签名一笔交易从自己的外部账户发送消息。如果账户余额足够支付交易费用，则交易有效，那么发起方账户会扣除相应金额，而接受方账户则计入该金额，外部账户的地址是由公钥决定的。

合约账户由代码控制。在一些情况下，当合约账户收到一条消息，合约内部的代码就会被激活，允许它对内部存储进行读取和写入、发送其他消息或者创建合约。合约账户的地址是在创建合约时确定的，合约账户地址由合约创建者的地址和该地址发出过的交易数量计算得到，地址发出过的交易数量也被称作 nonce。

表 3-2 外部账户与合约账户的对比

	外部账户	合约账户
是否拥有以太币	拥有以太币	拥有以太币
是否可以发送交易	可以发送交易	可以发送交易
账户由谁控制	私钥控制	合约代码控制
是否包含代码	不包含代码	包含合约代码

账户内部结构

账户由四个组成部分，不论账户类型是什么，都存在这四个组成部分：

- nonce。如果账户是一个外部账户，nonce 代表从该账户地址发送过的交易数量，该数量会出现在交易的字段中，起到防止双花的目的。如果账户是一个合约账户，nonce 代表由该账户创建过的合约数量。
- balance。该账户拥有的余额，以 Wei 为单位。1Ether=10^{18}Wei。

- storageRoot。该账户的存储内容的 Merkle Patricia 树的根节点哈希值。Merkle 树会将此账户存储内容的哈希值进行编码，默认是空值。
- codeHash。如果是外部账户，codeHash 是一个空字符串的哈希值，如果是合约账户，codeHash 是该账户的 EVM code（编译后的智能合约字节码）的哈希值。和账户的其他字段不同，codeHash 是不可变的，可以用来从状态数据库中获得相应的 EVM code。

3.6 智能合约

运行在区块链网络上的程序，称为智能合约（Smart Contract），智能合约与合约执行的结果都会储存在区块链上面。在区块链背景下，智能合约不只是一个计算机程序：它自己就是一个参与者，对接收到的信息进行回应，同时可以接受和储存价值，也可以向外发送信息和价值。这个程序就像一个可以被信任的人，可以临时保管资产，总是按照事先的规则执行操作。智能合约与一般程序的差异主要体现在以下四个方面：

- 整合金流难易程度

一般程序要整合金流是件非常不容易的事情，而智能合约通过以太坊自带的以太币可以非常容易整合金流系统。

- 部署及后续费用

一般程序部署在服务器上，程序部署成功后，除了需要花费一些维护费用外不需要其他的额外花费。智能合约在部署时需要一笔费用，这笔费用将分给参与交易验证（挖矿）的人。而在合约部署成功后，合约会作为不可更改的区块链的一部分，分散地储存在全球各地以太坊的节点上。也因此，智能合约在部署后，并不需要定期提供维持费用，同时查询已写入区块链的静态数据时也不需要费用，只有在每次通过智能合约写入数据时，需要提供一小笔交易费用。

- 储存数据的成本不同

一般应用程序将数据储存在服务器上，需要数据时再从服务器上读取。而智能合约将数据储存在区块链上，储存数据所需的成本相对昂贵，需要根据存储数据的大小支付相当的费用。

- 部署后无法更改

一般程序可以通过版本升级的方式进行更改，而智能合约一旦部署到区块链上后，就无法更改这个智能合约。

以太坊上的智能合约是通过 solidity 语言编写，Solidity 是一种语法类似 JavaScript 的高级语言，有关 Solidiy 语法的细节将会在后面的章节中详细介绍。

3.7 Gas 与 GasPrice

在以太坊中一个比较重要的概念就是 gas，当你调用一个智能合约的时候，整个网络中的每个矿工会分别执行你调用的合约程序，这会消耗矿工的 CPU、内存与硬盘空间，在合约中执行每个命令的消耗会用单位 gas 计数。gasprice 是你愿意为单位 gas 支付的费用，以 gwei 为单位表示。1gwei=1 000 000 000Wei，在交易中 gasPrice 是由发起交易的人规定的，每个矿工接收到交易请求时，会根据 gasPrice 的高低来决定是否要打包进区块中。如果你希望矿工运行你的合约，你最好提供高一点的 gasPrice。在某种程度上，这是一场基于合约运行，有多意愿付费驱动下的竞价。

在每个交易中必须包含 gas limit 和 gasprice 的值。gaslimit 代表了这个交易在执行过程中最多被允许消耗的 gas 数量。gaslimit 和 gasprice 就代表着交易发送者愿意为执行交易支付的 Wei 的最大值。

$$付款金额（单位 wei） = Gas 数量 \times GasPrice$$

例如，假设交易发起者设置 gaslimit 为 50 000，gasprice 为 20gwei。这就表示发送者愿意最多支付 50000×20gwei = 1 000 000 000 000 000Wei = 0.001Ether 来执行此交易。

在交易执行完成后，如果实际消耗的 gas 小于 gaslimit，那么剩余的 gas 会以 Ether 的方式返回给交易发起者，见下式。

$$实际交易费 = gasUsed \times gasPrice$$

例如，假设交易发起者设置 gaslimit 为 50 000，gasprice 为 20gwei。在交易执行完成后 gasUsed 为 40 000，那么实际的交易费用为：40 000×20gwei = 1 000 000 000 000 000Wei = 0.0008Ether，那么剩余的 gas 会返回给交易发起者：0000×20gwei = 200 000 000 000 000Wei = 0.0002Ether`。

如果在交易执行过程中，实际消耗的 gas 大于 gaslimit，那么就会出现"gas 不足"的错误，在这种情况下交易会被终止执行，交易之前所有修改的状态会被回滚，同时在交易执行过程中所消耗的 gas 是不会退回给交易发起者的。

所以在发起交易的时候我们尽可能设置一个比较大的 gaslimit，因为在交易执行完成后多余的 gas 会退回给交易发起者的。

3.8 工作量证明算法

以太坊使用的工作量证明算法叫 Ethash，Ethash 工作量证明是内存难解的，它的特点是挖矿的效率基本与 CPU 无关，却与内存大小和内存带宽正相关。对内存大小和带宽的要求意味着那些通过共享内存的方式大规模部署的矿机芯片并不能在挖矿效率上有线性或者超线性（super-linear）的增长。Ethash 算法的设计目标如下：
- 抵抗矿机（ASIC Resistance）。使用专门优化的芯片产生的挖矿优势应该尽可能的小，小到即使使用普通 CPU 挖矿也能产生收益。
- 轻客户端可验证。轻客户端应该有能力验证每一个块的真实性。目标是在普通桌面电脑上运行用 C 语言实现的验证算法，验证时间小于 0.01 秒，用 Python 或者 JavaScript 小于 0.1 秒，使用内存不超过 1MB。

接下来让我们看看 Ethash 算法的基本流程：

（1）对于每一个块，首先根据区块头算出一个种子（seed）。

（2）根据种子生成一个 16M 的随机数据集，称为 Cache，轻客户端需要保存这个 Cache。

（3）基于 Cache 生成一个 1GB 大小的数据集合，称为 DAG（向非循环图），它是一个完整的搜索空间，全客户端和矿工客户端需要保存 DAG。挖矿的过程就是从 DAG 中随机选择元素（类似于比特币挖矿中查找合适的 Nonce）再进行哈希运算。

（4）挖矿可以概括为从 DAG 中随机选择元素然后对其进行哈希的过程。验证的过程也是一样，只不过不是从 DAG 里面选择元素，而是基于 Cache 计算得到指定位置的元素，然后验证这个元素集合的哈希结果小于某个值。由于 Cache 很小，而且指定位置的 DAG 元素很容易计算，因此验证过程只需要普通 CPU 和普通内存即可完成。

（5）Cache 和 DAG 每一个周期更新一次，每 30000 个块更新一次。也就是说这 30000 个块产生的 Cache 和 DAG 是完全一样的，因此挖矿的主要工作在于从 DAG 中读取数据，而不是更新 Cache 和 DAG，DAG 的大小随时间的推移线性增长。

3.9 以太坊网络类型

以太坊网络分主网络与测试网络，以太坊的主网络顾名思义，也就是产生真正有价值的以太币的网络。主网络的 networkid 为 1。

以太坊公开的测试网络共有 4 个，目前仍在运行的有 3 个，按开始运行的时间前后，依次为：

- Morden（已退役）

Morden 是以太坊官方提供的测试网络，自 2015 年 7 月开始运行。到 2016 年 11 月时，由于难度炸弹已经严重影响出块速度，不得不退役，重新开启一条新的区块链。Morden 的共识机制为 PoW。networkid 为 2。

- Ropsten

Ropsten 也是以太坊官方提供的测试网络，是为了解决 Morden 难度炸弹问题而重新启动的一条区块链，目前仍在运行，共识机制为 PoW。networkid 为 3。

- Kovan

Kovan 使用了权威证明（Proof-of-Authority）的共识机制，简称 PoA。Kovan 目前仍在运行，但仅有 Parity 钱包客户端可以使用这个测试网络。

- Rinkeby

Rinkeby 也是以太坊官方提供的测试网络，使用 PoA 共识机制。networkid 为 4。

3.10 以太坊客户端

以太坊客户端用于接入以太坊网络，进行账户管理、交易、挖矿、智能合约相关的操作，也可作为一个 HTTP-RPC 服务器对外提供 JSON-RPC 接口。以太坊现在有多种语言实现的客户端，各客户端之间只是实现的语言不同，功能基本一致，常用客户端如下所示：

- go-ethereum

go-ethereum 是由以太坊基金会提供的官方客户端软件。它是用 Go 编程语言编写的，简称 geth。包含以下两个组件：

1）Geth 客户端：当你启动这个客户进程时，它会连接到其他客户端（也称为节点）的网络下载同步区块。它将不断地与其他节点进行通信来保持它的副本是最新的。它还具有挖掘区块并将交易添加到块链的能力，验证并执行区块中的交易。它还可以充当服务器，用户可以通过 RPC 来访问暴露的 API 接口。

2）Geth 终端：这是一个命令行工具，可以让你连接到正在运行的节点并执行各种操作，如创建和管理账户，查询区块链，签署并将交易提交给区块链等。

Github：https://github.com/ethereum/go-ethereum

- Parity

Parity 声称是世界上最快最轻便的以太坊客户端，它使用 Rust 语言编写，Parity 由 Ethcore 开发，Ethcore 是由以太坊基金会的几个会员创建。

Github：https://github.com/paritytech/parity

- Ethereum(J)

Ethereum(J) 是一个以太坊协议的纯 Java 实现，它提供了可以嵌入任何 Java/Scala 工程的库并且支持所有的以太坊协议和子服务。Ethereum(J) 最早由 Roman Mandeleil 开发，现在由 http://www.ether.camp/ 提供赞助。

Github：https://github.com/ethereum/ethereumj

- pyethapp

pyethapp 是基于 Python 实现的客户端，实现了以太坊加密经济状态机，Python 实现旨在提交可用性和可扩展性的代码库。

Github：https://github.com/ethereum/pyethapp

- ruby-ethereum

ruby-ethereum 是以太坊虚拟机的一个实现，用 Ruby 语言写成。

Github：https://github.com/janx/ruby-ethereum

3.11 本章小结

本章简单介绍了以太坊的相关概念，通过本章的学习可以对以太坊有一个整体的了解，为接下来的章节学习做一个铺垫。

第 4 章

以太坊的编译、安装与运行

通过上一章的学习，我们知道以太坊中有多个客户端，本章将介绍的是 geth 客户端，geth 的全称是 go-ethereum，是以 Go 语言编写的以太坊客户端，也是目前比较流行的客户端。接下来会分别介绍在 Ubuntu、MacOs、Windows 操作系统下如何安装、编译、运行 geth 客户端，以及使用 Docker 方式运行一个 geth 客户端。

4.1 在 Ubuntu 下安装

1. 快速安装

添加以太坊官方 APT 源，并安装以太坊客户端。

```
$ sudo apt-get install software-properties-common
$ sudo add-apt-repository -y ppa:ethereum/ethereum
$ sudo apt-get update
$ sudo apt-get install ethereum
```

当新版本的 geth 发布后，可以直接通过 APT 完成 geth 版本升级。

```
$ sudo apt-get update
$ sudo apt-get upgrade
```

2. 源码编译安装

先从 github 上获取 go-ethereum 源码，然后编译 geth。

```
$ git clone https://github.com/ethereum/go-ethereum.git
$ cd go-ethereum
$ make geth
```

4.2 在 MacOS 下安装

1. 快速安装

首先安装 Homebrew，然后在终端中输入下面两个命令行：

```
$ brew tap ethereum/ethereum
$ brew install ethereum
```

当新版本的 geth 发布后，可以直接通过 brew 完成 geth 版本升级。

```
$ brew update
$ brew upgrade ethereum
```

2. 源码编译安装

先从 github 上获取 go-ethereum 源码，然后编译 geth。

```
$ git clone https://github.com/ethereum/go-ethereum.git
$ cd go-ethereum
$ make geth
```

4.3 在 Windows 下安装

在 Windows 下安装，直接下载可执行文件即可：

从 https://geth.ethereum.org/downloads/ 网站中下载合适的 geth 发布版本，如图 4-1 所示。

Stable releases

These are the current and previous stable releases of go-ethereum, updated automatically when a new version is tagged in our GitHub repository.

Android | iOS | Linux | macOS | **Windows**

Release	Commit	Kind	Arch	Size	Published	Signature	Checksum (MD5)
Geth 1.7.3	4bb3c89d...	Installer	32-bit	33 MB	11/21/2017	Signature	c76fe8ff5d56c9425dbbbc275c788e3e
Geth 1.7.3	4bb3c89d...	Archive	32-bit	9.39 MB	11/21/2017	Signature	5ed32e9d12d4d0594930f1bd5e7dd610
Geth 1.7.3	4bb3c89d...	Installer	64-bit	34.69 MB	11/21/2017	Signature	6500fa0ff2c2d217ff33f9e7c3611044
Geth 1.7.3	4bb3c89d...	Archive	64-bit	9.79 MB	11/21/2017	Signature	0023f50d01cf15f175004fc2023fb998
Geth & Tools 1.7.3	4bb3c89d...	Archive	32-bit	45.22 MB	11/21/2017	Signature	cdfdc8005aaed024506e0098b20aabff
Geth & Tools 1.7.3	4bb3c89d...	Archive	64-bit	47.14 MB	11/21/2017	Signature	9319b71215118a8d826a6c743e4b33ba
Geth 1.7.2	1db4ecdc...	Installer	32-bit	29.78 MB	10/14/2017	Signature	2167525fd0b614ddcfb391174665e720
Geth 1.7.2	1db4ecdc...	Archive	32-bit	8.7 MB	10/14/2017	Signature	50b353bf3639a502b06e0098c751df67
Geth 1.7.2	1db4ecdc...	Installer	64-bit	31.46 MB	10/14/2017	Signature	f21743ee188ab75f7f1a799b479996de
Geth 1.7.2	1db4ecdc...	Archive	64-bit	9.1 MB	10/14/2017	Signature	b34d22226c2d8c6729b4c01a2f25f818
Geth & Tools 1.7.2	1db4ecdc...	Archive	32-bit	41.97 MB	10/14/2017	Signature	b5722927277fc9da029bb4505a454e33
Geth & Tools 1.7.2	1db4ecdc...	Archive	64-bit	43.88 MB	10/14/2017	Signature	169a74be1f774228f75b2acdee2f8edd

Show older releases

图 4-1　geth 的不同版本

4.4 以 Docker 方式安装

首先通过 docker 拉取 ethereum/client-go:alpine 镜像,然后启动镜像。

```
$ docker pull ethereum/client-go:alpine

$ docker run -d --name ethereum-node -v /Users/alice/ethereum:/root \
       -p 8545:8545 -p 30303:30303 \
       ethereum/client-go --fast --cache=512
```

4.5 运行以太坊

使用 geth 客户端前必须先同步区块,同步的目的是把网络上的区块全部下载到本地,以同步到网络的最新状态。在同步数据的时候可以指定—datadir 参数设置区块数据存放位置,--fast 启动快速区块同步模式,在同步到最新区块后,转化为正常区块同步模式。

1. 在以太坊公有链上运行一个全节点

```
$ geth --fast --cache=512 --datadir "your path" console
```

2. 在以太坊 Testnet 上运行一个全节点

```
$ geth --testnet --fast --cache=512 --datadir "your path" console
```

4.6 本章小结

本章主要讲解了如何在各个平台上编译、安装、运行一个 geth 以太坊客户端,通过本章的学习读者可以快速地感知真实的以太坊世界。

第 5 章

以太坊私有链的搭建与运行

通过上一章节的学习，我们已经知道了如何运行一个公有链节点。本章我们将详细介绍如何基于以太坊一步步搭建一个自己的私有链。在搭建私有链的过程中我们可以了解以太坊的运行方式，有了私有链后我们可以在其上面部署测试我们的智能合约。

5.1 搭建一个私有链

搭建私有链的关键是编写创始区块配置文件，在创始区块配置文件中定义了区块链中第一个区块的内容信息，完成创始区块配置文件后，需要执行初始化操作，初始化操作会将创世区块信息写入到区块链中。初始化完成后，就可以启动我们的私有链了，具体操作步骤如下。

1. 新建一个 geth 工作目录

```
$ mkdir geth
$ cd geth
$ touch gensis.json
```

创建完成后的目录结构如下：

```
geth
└── gensis.json
```

2. 创世区块配置文件

创世（genesis）区块是区块链的起点，是区块链的第一块区块——0 号区块，唯一一个没有前任的区块。这个协议确保了没有其他节点会和你节点的区块链版本一致，除非它们的创世区块和你的一模一样。通过这种方法，你就可以创建任意多的私有区块链。

文件：gensis.json

```
{
    "config": {
        "chainId": 15,
        "homesteadBlock": 0,
        "eip155Block": 0,
        "eip158Block": 0
    },
    "alloc"      : {
        "0xeb680f30715f347d4eb5cd03ac5eced297ac5046":{"balance":"1000000000000000000000000000000"}
    },
    "coinbase"   : "0x0000000000000000000000000000000000000000",
    "difficulty" : "0x01",
    "extraData"  : "0x777573686f756865",
    "gasLimit"   : "0xffffffff",
    "nonce"      : "0x0000000000000001",
    "mixhash"    : "0x0000000000000000000000000000000000000000000000000000000000000000",
    "parentHash" : "0x0000000000000000000000000000000000000000000000000000000000000000",
    "timestamp"  : "0x00"
}
```

各个参数的作用详见表 5-1 所示：

表 5-1　创世区块参数详解

chainId	指定了独立的区块链网络 ID。网络 ID 在连接到其他节点的时候会用到，以太坊公网的网络 ID 是 1，为了不与公有链网络冲突，运行私有链节点的时候要指定自己的网络 ID。不同 ID 网络的节点无法相互连接
homesteadBlock	Homestead 是以太坊第二个主要版本，第一个是 Frontier，这个值设为 "0" 表示你目前正在使用的是 Homestead 版本
eip155Block	eip 是 ethereum improvement proposal 的缩写，你的链不会因为这些提议分叉，所以设置为 "0" 就可以了
eip158Block	eip 是 ethereum improvement proposal 的缩写，你的链不会因为这些提议分叉，所以设置为 "0" 就可以了
mixhash	与 nonce 配合用于挖矿，由上一个区块的一部分生成的哈希。注意它和 nonce 的设置需要满足以太坊的 Yellow paper，4.3.4. Block Header Validity，(44) 章节所描述的条件
nonce	nonce 就是一个用于挖矿的 64 位随机数，注意它和 mixhash 的设置需要满足以太坊的 Yellow paper，4.3.4. Block Header Validity，(44) 章节所描述的条件
difficulty	设置当前区块的难度，如果难度过大，CPU 挖矿就很难，这里设置较小难度
alloc	给某个账户预分配以太币
coinbase	矿工的账号（随便填）
timestamp	设置创世块的时间戳

(续)

parentHash	上一个区块的哈希值，因为是创世块，所以这个值是 0
extraData	可以写入 32 byte 大小的任意数据，每个 block 都会有，由挖出 block 的 miner 来决定要不要在里面写些什么
gasLimit	该值设置对 GAS 的消耗总量限制，用来限制区块能包含的交易信息总和，因为我们是私有链，所以填最大

3. 初始化

准备好创世区块配置文件后，需要初始化区块链，将上面的创世区块信息写入到区块链中。首先要新建一个目录用来存放区块链数据：

```
$ mkdir db
```

此时的目录结构如下：

```
geth
├── db
└── gensis.json
```

进入 geth 目录中，执行初始化命令：

```
$ cd geth
$ geth --datadir "./db" init gensis.json

WARN [12-05|20:46:51] No etherbase set and no accounts found as default
INFO [12-05|20:46:51] Allocated cache and file handles         database=/Users/shouhewu/devWorkspace/geth/testnet/geth/db/geth/chaindata cache=16 handles=16
INFO [12-05|20:46:51] Writing custom genesis block
INFO [12-05|20:46:51] Successfully wrote genesis state         database=chaindata
      hash=aab8e5…a54b28
INFO [12-05|20:46:51] Allocated cache and file handles         database=/Users/shouhewu/devWorkspace/geth/testnet/geth/db/geth/lightchaindata cache=16 handles=16
INFO [12-05|20:46:51] Writing custom genesis block
INFO [12-05|20:46:51] Successfully wrote genesis state         database=lightchaindata
      hash=aab8e5…a54b28
```

geth init 命令用来初始化区块链，命令可以带有选项和参数，其中 --datadir 选项后面跟一个目录名 db，表示指定数据存放目录为 db，genesis.json 是 init 命令的参数。

初始化成功后，会在数据目录 db 中生成 geth 和 keystore 两个文件夹，此时目录结构如下：

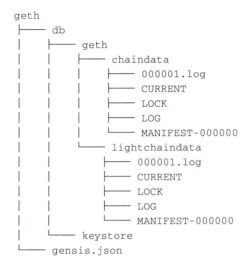

其中，geth/db/geth/chaindata 中存放的是区块数据，geth/db/keystore 中存放的是账户数据。

4. 启动节点

输入以下命令启动节点：

```
$ geth --datadir "./db" --rpc --rpcaddr=0.0.0.0 --rpcport 8545
--rpccorsdomain "*" --rpcapi "eth,net,web3,personal,admin,shh,txpool,debug,miner"
--nodiscover --maxpeers 30 --networkid 1981  --port 30303 --mine --minerthreads 1
--etherbase "0xeb680f30715f347d4eb5cd03ac5eced297ac5046" console

    I0808 17:23:48.126796 ethdb/database.go:83] Allotted 128MB cache and 1024 file
handles to /home/geth/ethereum_script/db/geth/chaindata
    I0808 17:23:48.136869 ethdb/database.go:176] closed db:/home/geth/ethereum_
script/db/geth/chaindata
    I0808 17:23:48.137451 node/node.go:175] instance: Geth/v1.5.0-stable-c3c58eb6/
linux/go1.7
    I0808 17:23:48.137470 ethdb/database.go:83] Allotted 128MB cache and 1024 file
handles to /home/geth/ethereum_script/db/geth/chaindata
    I0808 17:23:48.244643 eth/db_upgrade.go:346] upgrading db log bloom bins
    I0808 17:23:48.244785 eth/db_upgrade.go:354] upgrade completed in 144.252μs
    I0808 17:23:48.244808 eth/backend.go:193] Protocol Versions: [63 62], Network
Id: 1981
    I0808 17:23:48.245163 core/blockchain.go:214] Last header: #0 [1b78e3d4…] TD=1
    I0808 17:23:48.245178 core/blockchain.go:215] Last block: #0 [1b78e3d4…] TD=1
    I0808 17:23:48.245185 core/blockchain.go:216] Fast block: #0 [1b78e3d4…] TD=1
    I0808 17:23:48.245919 p2p/server.go:336] Starting Server
    I0808 17:23:48.246406 p2p/server.go:604] Listening on [::]:30303
    I0808 17:23:48.246513 eth/backend.go:479] Automatic pregeneration of ethash
DAG ON (ethash dir: /home/shouhewu/.ethash)
    I0808 17:23:48.246545 eth/backend.go:486] checking DAG (ethash dir: /home/
```

```
shouhewu/.ethash)
    I0808 17:23:48.247793 node/node.go:340] IPC endpoint opened: /home/geth/
ethereum_script/db/geth.ipc
    I0808 17:23:48.248086 node/node.go:410] HTTP endpoint opened:
http://0.0.0.0:8545
    I0808 17:23:48.248163 miner/miner.go:136] Starting mining operation (CPU=1 TOT=2)
    I0808 17:23:48.248417 miner/worker.go:542] commit new work on block 1 with 0 txs
& 0 uncles. Took 234.61μs
    I0808 17:23:48.248448 vendor/github.com/ethereum/ethash/ethash.go:259]
Generating DAG for epoch 0 (size 1073739904) (0000000000000000000000000000000000
00000000000000000000000000)
    Welcome to the Geth JavaScript console!

    instance: Geth/v1.5.0-stable-c3c58eb6/linux/go1.7
    coinbase: 0xeb680f30715f347d4eb5cd03ac5eced297ac5046
    at block: 0 (Thu, 01 Jan 1970 08:00:00 CST)
        datadir: /home/geth/ethereum_script/db
        modules: admin:1.0 debug:1.0 eth:1.0 miner:1.0 net:1.0 personal:1.0 rpc:1.0
txpool:1.0 web3:1.0

>
```

现在我们已经成功运行了一个私有链,过一会儿当输出中出现小锤子时说明已经开始挖矿了。

```
    I0808 17:23:49.465595 vendor/github.com/ethereum/ethash/ethash.go:276] Done
generating DAG for epoch 0, it took 1.217140267s
    I0808 17:23:55.531461 miner/worker.go:344] 🔨 Mined block (#1 / d23c83f5).
Wait 5 blocks for confirmation
    I0808 17:23:55.531616 miner/worker.go:542] commit new work on block 2 with
0 txs & 0 uncles. Took 125.06μs
    I0808 17:23:55.533607 miner/worker.go:542] commit new work on block 2 with
0 txs & 0 uncles. Took 179.594μs
    I0808 17:23:59.186634 miner/worker.go:344] 🔨 Mined block (#2 / 03df8597).
Wait 5 blocks for confirmation
    I0808 17:23:59.186828 miner/worker.go:542] commit new work on block 3 with
0 txs & 0 uncles. Took 159.917μs
    I0808 17:23:59.187044 miner/worker.go:542] commit new work on block 3 with
0 txs & 0 uncles. Took 179.508μs
    I0808 17:24:01.391824 miner/worker.go:344] 🔨 Mined block (#3 / e95c3057).
Wait 5 blocks for confirmation
    I0808 17:24:01.391996 miner/worker.go:542] commit new work on block 4 with
0 txs & 0 uncles. Took 142.98μs
    I0808 17:24:01.392117 miner/worker.go:542] commit new work on block 4 with
0 txs & 0 uncles. Took 94.867μs
    I0808 17:24:03.133774 miner/worker.go:344] 🔨 Mined block (#4 / d31073f5).
Wait 5 blocks for confirmation
    I0808 17:24:03.133908 miner/worker.go:542] commit new work on block 5 with
0 txs & 0 uncles. Took 108.535μs
    I0808 17:24:03.134094 miner/worker.go:542] commit new work on block 5 with
0 txs & 0 uncles. Took 146.049μs
```

上面命令中的各项参数含义如表 5-2 所示：

表 5-2　geth 启动参数详解

参数	含义
identity	区块链的标识，随便填写，用于标识目前网络的名字
datadir	指明当前区块链私钥和网络数据存放的位置
port	指定以太坊网络监听端口，默认为：30303
rpc	开启 HTTP-RPC 服务，可以进行智能合约的部署和调试
rpcaddr	指定 HTTP-RPC 服务监听地址，默认为 "localhost"
rpcapi	设置允许连接的 rpc 的客户端，一般为 db、eth、net、web3
rpcport	指定 HTTP-RPC 服务监听端口号，默认为 8545
networkid	指定以太坊网络 id，其实就是区块链网络的身份标示，公有链为 1，测试链为 3，默认启动 id 为 1
etherbase	指定矿工账号，默认为 keystore 中首个账号
mine	开启挖矿，默认为 CPU 挖矿
minerthreads	挖矿占用 CPU 线程数，默认为 4
nodiscover	关闭自动连接节点，但是可以手动添加节点，在搭建私有链时，为避免其他节点连入私有链，可使用该命令
maxpeers	设置允许最大连接节点数目，默认为 25
console	启动命令行模式，可以在 geth 中执行命令

5. 进入 JavaScript 控制台

通过 attach 命令，连接一个已经启动节点，启动 Js 命令环境：

```
$ geth --datadir  './db' attach ipc:../db/geth.ipc

Welcome to the Geth JavaScript console!

instance: Geth/v1.5.0-stable-c3c58eb6/linux/go1.7
coinbase: 0xeb680f30715f347d4eb5cd03ac5eced297ac5046
at block: 0 (Thu, 01 Jan 1970 08:00:00 CST)
    datadir: /home/geth/ethereum_script/db
    modules: admin:1.0 debug:1.0 eth:1.0 miner:1.0 net:1.0 personal:1.0 rpc:1.0 txpool:1.0 web3:1.0
>
```

5.2　以太坊 JavaScript 控制台命令

我们已经成功搭建并运行了一个以太坊的私有链，接下来我们将进一步深入使用以太坊。在以太坊的 JavaScript 控台中内置了一些对象，通过这些对象我们可以很方便地与以太坊交互，这些内置对象包括：
- eth：提供了操作区块链相关的方法
- net：提供了查看 p2p 网络状态的方法
- admin：提供了管理节点相关的方法
- miner：提供启动和停止挖矿的方法
- personal：提供了管理账户的方法
- txpool：提供了查看交易内存池的方法
- web3：除了包含以上对象中有的方法，还包含一些单位换算的方法

接下来会以一个简单的转账的例子快速了解一下以太坊的特性。

1. 新建账户

为了转账我们首先需要新建几个账户，执行以下命令：

```
> personal.newAccount("123456")

"0xfcc5e94db911d9f15a6a60c0ffc8b2999220f26e"
```

personal.newAccount("passwd") 用来生成账户，传入的参数是账户的密码。执行成功后会返回账户的公钥，生成的账户文件在 keystore 文件夹下：

```
keystore/
└── UTC--2017-12-05T15-37-04.665703000Z--fcc5e94db911d9f15a6a60c0ffc8b2999220f26e
```

转账需要两个账户，所以还需再执行一遍上面的命令。

查看我们刚刚生成好的两个账户：

```
> eth.accounts
["0xfcc5e94db911d9f15a6a60c0ffc8b2999220f26e", "0xe132127120e5f8a45854adad8c2215928a245a9b"]
```

eth.accounts 会给我们返回 keystore 文件夹下的所有账户。

2. 查看余额

转账的前提条件是需要有余额，接下来我们查看一下刚刚生成的账户的余额，执行以下命令：

```
> balance = web3.fromWei(eth.getBalance(eth.accounts[0]), "ether")

0

> balance = web3.fromWei(eth.getBalance(eth.accounts[1]), "ether")

0
```

eth.accounts[index] 会按传入的索引返回已有的账户，eth.getBalance(address) 会返回账号的余额，余额以 wei 为单位，传入的参数是账户的公钥，web3.fromWei 单位转换，在这个例子中是将 wei 转换成 ether。

通过上面的输出可以看出我们刚刚创建的两个账号的余额都是 0。那么怎么才能获取以太币呢，答案就是挖矿。

3. 挖矿

为了获取以太币，我们需要开启挖矿，不过在开启挖矿之前，我们要先设置挖矿奖励地址。

```
> miner.setEtherbase(eth.accounts[0])
true
```

miner.setEtherbase(address)，设置挖矿奖励地址。

设置完成后，查看是否设置成功。

```
> eth.coinbase
"0xfcc5e94db911d9f15a6a60c0ffc8b2999220f26e"
```

eth.coinbase 返回挖矿奖励地址，从输出中可以看出确实已经设置成功了。接下来就可以开启挖矿功能了。

```
> miner.start(1)
INFO [12-06|00:01:34] Updated mining threads                   threads=1
INFO [12-06|00:01:34] Transaction pool price threshold updated price=18000000000
INFO [12-06|00:01:34] Starting mining operation
INFO [12-06|00:01:34] Commit new mining work                   number=24 txs=0
uncles=0 elapsed=460.05µs
INFO [12-06|00:01:43] Successfully sealed new block            number=24
hash=b05251…e46416
INFO [12-06|00:01:43] 🔨 mined potential block                  number=24
hash=b05251…e46416
INFO [12-06|00:01:43] Commit new mining work                   number=25 txs=0
uncles=0 elapsed=864.699µs
INFO [12-06|00:01:46] Successfully sealed new block            number=25
hash=5c7150…ac2fb5
INFO [12-06|00:01:46] 🔨 mined potential block                  number=25
hash=5c7150…ac2fb5
INFO [12-06|00:01:46] Commit new mining work                   number=26 txs=0
uncles=0 elapsed=213.913µs
INFO [12-06|00:01:48] Successfully sealed new block            number=26
hash=145c56…5cfb70
INFO [12-06|00:01:48] 🔨 mined potential block                  number=26
```

```
hash=145c56…5cfb70
    INFO [12-06|00:01:48] Commit new mining work                     number=27 txs=0
uncles=0 elapsed=152.648µs
```

miner.start(threadCount) 命令可以开启挖矿功能，参数是线程数，表示可以开启几个线程来挖矿，在本例中设置的是一个线程。当出现小锤子时表示开始挖矿了。当挖矿时会有大量的输入填满终端，为了方便操作，你可以重新打开一个新的控制台，执行 attach 命令，进入一个新的 JavaScript 环境。稍微等待一会儿，我们就可以先暂时关闭挖矿功能，等我们需要的时候再打开。

```
> miner.stop()
```

true

miner.stop() 命令表示停止挖矿。经过一段时间的挖矿我们的账户上已经有余额了，通过命令查看一下余额。

```
> balance = web3.fromWei(eth.getBalance(eth.accounts[0]), "ether")
```

210

现在账户上已经有了 210 个以太币，我们已经具备了转账的前置条件了，要给另一个账户转账，我们需要借助交易，交易是以太坊上的一个非常重要的概念。在以太坊上任何操作都需要借助交易完成，比如：转账、部署智能合约、调用智能合约。

4. 解锁账户

在发送转账交易之前我们需要先解锁账户，否则会报错。执行以下命令解锁账户：

```
> personal.unlockAccount(eth.accounts[0], "123456")
```

true

或者

```
> personal.unlockAccount(eth.accounts[0], "123456",300)
```

true

personal.unlockAccount(addr, passwd, duration) 命令用来解锁账户，第一个参数传入需要解锁的账户，第二参数传入账户密码，第三个参数传入账户解锁状态持续时间，其中 duration 单位是秒。

5. 交易

一切准备就绪，可以开始转账操作了。

```
> eth.sendTransaction({from: eth.accounts[0], to: eth.accounts[1], value:
web3.toWei(1, "ether")})
```

"0x0d7da1ce7d47b61f774a32e242bfcb478c0215d9b649d6562c3e97b31c14583f"

eth.sendTransaction(transactionObject) 用来向区块链网络中发送一笔转账交易。当交易发送到区块链后，会返回一个交易 hash，此时的交易正在矿工的交易池中等待被打包。

查看交易池等待被打包的交易。

```
> txpool.status
{
    pending: 1,
    queued: 0
}
```

txpool.status 返回正在等待打包的交易。其中有一条 pending 的交易，pending 表示已提交但还未被处理的交易。

查看 pending 交易的详情。

```
> txpool.inspect.pending
{
    0xFCC5E94dB911d9F15a6a60c0FFc8b2999220F26e: {
        0: "0xE132127120E5f8A45854adAd8C2215928A245A9B: 1000000000000000000 wei + 90000 × 18000000000 gas"
    }
}
```

txpool.inspect.pending 返回 pending 交易的详细信息。

要使交易被处理，必须要挖矿。这里我们启动挖矿，然后等待挖到一个区块之后就停止挖矿：

```
> miner.start(1);admin.sleepBlocks(1);miner.stop();
INFO [12-06|00:33:45] Updated mining threads                   threads=1
INFO [12-06|00:33:45] Transaction pool price threshold updated price=18000000000
INFO [12-06|00:33:45] Starting mining operation
INFO [12-06|00:33:45] Commit new mining work                   number=66 txs=1 uncles=0 elapsed=598.577µs
INFO [12-06|00:33:47] Successfully sealed new block            number=66 hash=77140e…428e9f
INFO [12-06|00:33:47] 🔗 block reached canonical chain         number=61 hash=6adfa9…3d2bcf
INFO [12-06|00:33:47] ⛏ mined potential block                  number=66 hash=77140e…428e9f
INFO [12-06|00:33:47] Commit new mining work                   number=67 txs=0 uncles=0 elapsed=116.333µs
true
```

现在交易已经被成功打包,并且加入区块链中了,那么我们查看一下余额,看看是不是有变化:

```
> balance = web3.fromWei(eth.getBalance(eth.accounts[0]), "ether")
214
> balance = balance = web3.fromWei(eth.getBalance(eth.accounts[1]), "ether")
1
```

怎么account[0]的账户余额变成214了,应该是209才对啊,原因是这样的:account[0]账户目前是当前节点的coinbase账户,所有挖矿的收益都会转到account[0]中,每个区块的奖励是5 ether,所以account[0]的账户余额就变成了209+5=214。从上面的输出来看,我们的转账操作是成功了。

6. 区块

还记得之前发起转账交易时返回的交易hash吗?可以通过下面的命令查出发起转账交易时的详情:

```
> eth.getTransaction("0x0d7da1ce7d47b61f774a32e242bfcb478c0215d9b649d6562c3e97b31c14583f")
{
    blockHash: "0x77140ef5a57901e1b443f43c5bb94345c6e175055cc4a6fd7b9e26d0e1428e9f",
    blockNumber: 66,
    from: "0xfcc5e94db911d9f15a6a60c0ffc8b2999220f26e",
    gas: 90000,
    gasPrice: 18000000000,
    hash: "0x0d7da1ce7d47b61f774a32e242bfcb478c0215d9b649d6562c3e97b31c14583f",
    input: "0x",
    nonce: 0,
    r: "0x8a1f99ec708f096c3b4ee2944cfde4a9612a0b10ee08108bc29bbeaa6c7c1d4b",
    s: "0x333f334dbcee2094d7b229ae14e02119f5c5682c357763d9b3ad9fbd5a2b0b4f",
    to: "0xe132127120e5f8a45854adad8c2215928a245a9b",
    transactionIndex: 0,
    v: "0x42",
    value: 1000000000000000000
}
```

eth.getTransaction(transactionHash)返回指定交易哈希值的交易详情,输出的参数的含义如表5-3所示:

表5-3 交易参数详解

blockHash	交易所在区块的哈希值。当这个区块处于pending时将会返回null
blockNumber	交易所在区块的块号。当这个区块处于pending时将会返回null

（续）

from	交易发起者的地址
gas	交易发起者提供的 gas 数量
gasPrice	交易发起者提供的 gasPrice，单位是 wei
hash	交易的哈希值
input	交易附带的数据
nonce	交易的发起者在之前发起过的交易数量
transactionIndex	交易在区块中的序号。当这个区块处于 pending 时将会返回 null
value	交易附带的货币量，单位为 Wei
to	交易接收者的地址

上面的命令是查看发起交易时的详情，如果想要看交易被打包进区块时的详细信息怎么办？可以使用下面的命令查看交易在区块中的详细信息：

```
> eth.getTransactionReceipt("0x0d7da1ce7d47b61f774a32e242bfcb478c0215d9b649d6562c3e97b31c14583f")
{
    blockHash: "0x77140ef5a57901e1b443f43c5bb94345c6e175055cc4a6fd7b9e26d0e1428e9f",
    blockNumber: 66,
    contractAddress: null,
    cumulativeGasUsed: 21000,
    from: "0xfcc5e94db911d9f15a6a60c0ffc8b2999220f26e",
    gasUsed: 21000,
    logs: [],
    logsBloom: "0x000000000000000000000000000000000000000000000000000000000000000000000000000000000000000000000000000000000000000000000000000000000000000000000000000000000000000000000000000000000000000000000000000000000000000000000000000000000000000000000000000000000000000000000000000000000000000000000000000000000000000000000000000000000000000000000000000000000000000000000000000000000000000000000000000000000000000000000000000000000000000000000000000000000000000000000000000000000000000000000000000000000000000000000000000000000000000000000000",
    root: "0xa603e4ed9a1efb98b3e2b286c790a1570a6fbf95c4184c4473452c82a4fe0a66",
    to: "0xe132127120e5f8a45854adad8c2215928a245a9b",
    transactionHash: "0x0d7da1ce7d47b61f774a32e242bfcb478c0215d9b649d6562c3e97b31c14583f",
    transactionIndex: 0
}
```

eth.getTransactionReceipt(transactionHash) 返回交易在区块中的详细信息，输出的参数含义如表 5-4 所示：

表 5-4　TransactionReceipt 参数详解

参数	说明
blockHash	交易所在区块的哈希
blockNumber	交易所在区块的块号
contractAddress	创建的合约地址。如果是一个合约创建交易，则返回合约地址，其他情况返回 null
cumulativeGasUsed	当前交易执行后累计花费的 gas 总值
from	交易发送者的地址
gasUsed	执行当前这个交易单独花费的 gas
logs	这个交易产生的日志对象数组
logsBloom	logsBloom 由 logs 中的 address 与 topics 共同决定，详细请看以太坊黄皮书，作用是便于快速查找监听的事件是否在该交易中产生
root	交易执行后的 stateroot
to	交易接收者的地址。如果是一个合约创建的交易，返回 null
transactionHash	交易的哈希值
transactionIndex	交易在区块里面的序号

接下来介绍一些常用的查询区块的命令：

- 查看当前区块总数

```
> eth.blockNumber
66
```

eth.blockNumber 返回当前区块链节点中区块的总数

- 查询最新区块

```
> eth.getBlock('latest')
{
    difficulty: 131072,
    extraData: "0xd88301070284676574688767 6f312e392e318664617277696e",
    gasLimit: 4026748992,
    gasUsed: 21000,
    hash: "0x77140ef5a57901e1b443f43c5bb94345c6e175055cc4a6fd7b9e26d0e1428e9f",
    logsBloom: "0x000000000000000000000000000000000000000000000000000000000000000000000000000000000000000000000000000000000000000000000000000000000000000000000000000000000000000000000000000000000000000000000000000000000000000000000000000000000000000000000000000000000000000000000000000000000000000000000000000000000000000000000000000000000000000000000000000000000000000000000000000000000000000000000000000000000000000000000000000000000000000000000000000000000000000000000000000000000000000000000000000000000000000000000000",
    miner: "0xfcc5e94db911d9f15a6a60c0ffc8b2999220f26e",
    mixHash: "0x7a45db16c8a459783a2c522332f8ed783a470c8d1672c2d1ce983d2d5c9b937c",
    nonce: "0x240957c103dc5f7f",
```

```
        number: 66,
        parentHash: "0x880f6726fec70a8aa6cdfbbee782a41879d21b7c06c2d22852054b1852081cb0",
        receiptsRoot: "0x5cfa2d20360d51a4ba9cd4b452433500091c00e50011b0d4d1cd390dc2d19292",
        sha3Uncles: "0x1dcc4de8dec75d7aab85b567b6ccd41ad312451b948a7413f0a142fd40d49347",
        size: 651,
        stateRoot: "0x16ec52466a8f91ea2a5dca1d9cbd74d2de07d74bc35cb93eba9beb55818492a2",
        timestamp: 1512491625,
        totalDifficulty: 8713518,
        transactions: ["0x0d7da1ce7d47b61f774a32e242bfcb478c0215d9b649d6562c3e97b31c14583f"],
        transactionsRoot: "0x654ad49e98ec2ff5e250288e35911514e8cbb103a4f2ba721c1da0c33b16a4fb",
        uncles: []
}
```

eth.getBlock('latest') 返回当前区块链节点中最新区块的详细信息，eth.getBlock(blockNumber|blockHash) 根据区块 Number 或 Hash 查询区块

```
> eth.getBlock(0)
{
        difficulty: 1,
        extraData: "0x777573686f756865",
        gasLimit: 4294967295,
        gasUsed: 0,
        hash: "0xaab8e592467ddf374938e26ef510c3f46d0b6113822d278ebebae8da7ca54b28",
        logsBloom: "0x000000000000000000000000000000000000000000000000000000000000000000000000000000000000000000000000000000000000000000000000000000000000000000000000000000000000000000000000000000000000000000000000000000000000000000000000000000000000000000000000000000000000000000000000000000000000000000000000000000000000000000000000000000000000000000000000000000000000000000000000000000000000000000000000000000000000000000000000000000000000000000000000000000000000000000000000000000000000000000000000000000000000000000000000000000000000000000000000000000000000000000000000000000000000000000000000000000000000000000000000000000000000000000000000000000000000",
        miner: "0x0000000000000000000000000000000000000000",
        mixHash: "0x0000000000000000000000000000000000000000000000000000000000000000",
        nonce: "0x0000000000000001",
        number: 0,
        parentHash: "0x0000000000000000000000000000000000000000000000000000000000000000",
        receiptsRoot: "0x56e81f171bcc55a6ff8345e692c0f86e5b48e01b996cadc001622fb5e363b421",
        sha3Uncles: "0x1dcc4de8dec75d7aab85b567b6ccd41ad312451b948a7413f0a142fd40d49347",
        size: 513,
        stateRoot: "0xcda33df70bdef72261c54b8aa6a27720e9d8084bcd9480d5a4a4d093bc5afe3b",
        timestamp: 0,
        totalDifficulty: 1,
        transactions: [],
        transactionsRoot: "0x56e81f171bcc55a6ff8345e692c0f86e5b48e01b996cadc001622fb5e363b421",
        uncles: []
}
```

区块对象中的参数含义如表 5-5 所示：

表 5-5　区块参数详解

参数	说明
difficulty	挖矿难度，后面区块难度会随着区块高度升高而提高
extraData	当前区块附加信息，若创世区块该值为空，则在第二个区块中会保存创建该私有链时的 geth、go，以及操作系统版本，保存的信息为第一个挖到该区块的矿工信息
gasLimit	该区块允许的最大 gas 数
gasUsed	gas 花费，在以太坊中交易和部署智能合约会消耗 gas，暂时可以理解为以太币
hash	当前区块哈希值
logsBloom	logsBloom 由 logs 中的 address 与 topics 共同决定，详细请看以太坊黄皮书，作用是便于快速查找监听的事件是否在该交易中产生
miner	挖到该区块的矿工地址
mixHash	与 nonce 配合用于挖矿，由上一个区块的一部分生成的 hash
nonce	工作量证明
number	当前区块高度
parentHash	上一个区块 hash 值
receiptsRoot	区块 receipt trie 的根
sha3Uncles	对叔区块进行 hash 运算的结果
size	区块大小，以字节为单位
stateRoot	块的状态树根结果
timestamp	时间戳
totalDifficulty	达到该区块的难度总数
transactions	以数组的形式保存交易的 tx 值
transactionsRoot	交易的默克尔树根
uncles	当前区块引用的叔父区块的哈希值

7. 远程节点管理

到目前为止，我们的以太坊节点还是在单机上运行的，接下来看看怎么将当前的节点和其他的以太坊节点通信，组成一个以太坊网络。要和其他节点联通，首先需要获取节点的信息。

- 查看节点信息

```
> admin.nodeInfo
{
    enode: "enode://deac0f75770dfdb518689b8facfc48d3848f163cdab94b46a5da16beeba201546c427f09916ad3c8c9c32b533f2a5bec45f4459c8315f9d0a1ca05bd58942b05@[::]:30303?discport=0",
    id: "deac0f75770dfdb518689b8facfc48d3848f163cdab94b46a5da16beeba201546c427
```

```
            f09916ad3c8c9c32b533f2a5bec45f4459c8315f9d0a1ca05bd58942b05",
        ip: "::",
        listenAddr: "[::]:30303",
        name: "Geth/v1.5.0-stable-c3c58eb6/linux/go1.7",
        ports: {
            discovery: 0,
            listener: 30303
        },
        protocols: {
            eth: {
                difficulty: 675874397862,
                genesis: "0x1b78e3d44805d5535ae0ccc171da47d632e7db1448efda48d5840991196bfef3",
                head: "0x0d763373f720745205d713130de4439d7ba01a58c806d688424c7332001aa3b9",
                network: 1981
            }
        }
}
```

- 添加其他节点

可以通过 admin.addPeer() 方法连接到其他节点，两个节点要想联通，必须保证网络是相通的，并且要指定相同的 networkid。首先通过以下命令获取另一个节点的 encode 信息，注意要把 enode 中的 [::] 替换成节点二的 IP 地址。

```
> admin.nodeInfo.enode
"enode://eb065a3254477ee7c77b3b791b1b2e44673948049923b35556ea5a95154d62579f88a7ea00440a4e4cb314ad4b95b85676b55195db5f91ac6d45f18612d8c374@[::]:30304"
```

连接节点二：

```
> admin.addPeer("enode://eb065a3254477ee7c77b3b791b1b2e44673948049923b35556ea5a95154d62579f88a7ea00440a4e4cb314ad4b95b85676b55195db5f91ac6d45f18612d8c374@192.168.23.109:30303")
```

```
true
```

连接成功后，节点二就会开始同步节点一的区块，同步完成后，任意一个节点开始挖矿，另一个节点会自动同步区块，向任意一个节点发送交易，另一个节点也会收到该笔交易。

- 查看已连接的远程节点

```
> admin.peers

[{
        caps: ["eth/62", "eth/63"],
        id: "03b1ba3fa15ec66461f4cc15e46dd964e296aca8e5deb441811e5afeb6d26281f3df3053495d2ecd47ae6f3a3394280799310b119fde0de1332deb4dff9dccaa",
        name: "Geth/v1.5.0-stable-c3c58eb6/linux/go1.7",
        network: {
```

```
            localAddress: "172.16.10.81:56646",
            remoteAddress: "172.16.10.82:30303"
        },
        protocols: {
            eth: {
                difficulty: 336108400688,
                head: "0x0c1be0e056743043cdbe0257ed8279a01923c1e8069bfdaf45ac37644c2405cb",
                version: 63
            }
        }
    }, {
        caps: ["eth/62", "eth/63"],
        id: "deac0f75770dfdb518689b8facfc48d3848f163cdab94b46a5da16beeba201546c427f09916ad3c8c9c32b533f2a5bec45f4459c8315f9d0a1ca05bd58942b05",
        name: "Geth/v1.5.0-stable-c3c58eb6/linux/go1.7",
        network: {
            localAddress: "172.16.10.81:30303",
            remoteAddress: "192.168.23.197:41366"
        },
        protocols: {
            eth: {
                difficulty: 3960001,
                head: "0x3027eaddfa5396ce1cd3587f6303710d19efb6c278ac7df4a381c7ffae080720",
                version: 63
            }
        }
    }]
```

5.3 以太坊 CLI 控制台命令

5.3.1 账户管理

账户管理可分为 4 步,如下:

- 创建新账号

```
$ geth --datadir './db' account new

Your new account is locked with a password. Please give a password. Do not forget this password.
Passphrase:
Repeat passphrase:
Address: {0535c31475872c8145d857e32a3115ca5883181d}
```

- 列举已存在账号

```
$ geth --datadir './db' account list

Account #0: {fcc5e94db911d9f15a6a60c0ffc8b2999220f26e} keystore:/// Users/
```

```
shouhewu/devWorkspace/geth/testnet/geth/db/keystore/UTC--2017-12-05T15-37-
04.665703000Z--fcc5e94db911d9f15a6a60c0ffc8b2999220f26e
    Account #1: {e132127120e5f8a45854adad8c2215928a245a9b} keystore:/// Users/
shouhewu/devWorkspace/geth/testnet/geth/db/keystore/UTC--2017-12-05T15-40-
49.233250000Z--e132127120e5f8a45854adad8c2215928a245a9b
    Account #2: {0535c31475872c8145d857e32a3115ca5883181d} keystore:/// Users/
shouhewu/devWorkspace/geth/testnet/geth/db/keystore/UTC--2017-12-06T08-30-
10.565498000Z--0535c31475872c8145d857e32a3115ca5883181d
```

- 修改账户密码

```
$ geth --datadir './db' account update fcc5e94db911d9f15a6a60c0ffc8b2999220f26e

Unlocking account fcc5e94db911d9f15a6a60c0ffc8b2999220f26e | Attempt 1/3
Passphrase:
    INFO [12-06|16:32:27] Unlocked account                         address=0xFCC5E
94dB911d9F15a6a60c0FFc8b2999220F26e
Please give a new password. Do not forget this password.
Passphrase:
Repeat passphrase:
```

- 导入密钥文件

```
$ geth --datadir './db' account import ecc.key

Your new account is locked with a password. Please give a password. Do not
forget this password.
Passphrase:
Repeat passphrase:
Address: {a075c7779d33e3b679c237aaca83aff76b6b07e9}
```

ecc.key 是 ECDSA 的私钥。

```
$ cat ecc.key
129019a3b3010c8de074d6046e17cadaf1b860181aecc137f9fd6752069fc378
```

5.3.2 区块数据管理

在执行区块数据管理操作之前，需要先停止节点运行。

- 导出区块数据

导入 db 目录中的区块数据到 bak 文件：

```
$ geth --datadir './db' export ./bak

    INFO [12-06|16:39:14] Allocated cache and file handles         database=/
Users/shouhewu/devWorkspace/geth/testnet/geth/db/geth/chaindata cache=128
handles=1024
    INFO [12-06|16:39:14] Disk storage enabled for ethash caches   dir=/Users/
shouhewu/devWorkspace/geth/testnet/geth/db/geth/ethash count=3
```

```
        INFO [12-06|16:39:14] Disk storage enabled for ethash DAGs   dir=/Users/
shouhewu/.ethash                                                      count=2
        INFO [12-06|16:39:14] Loaded most recent local header         number=66
hash=77140e…428e9f td=8713518
        INFO [12-06|16:39:14] Loaded most recent local full block     number=66
hash=77140e…428e9f td=8713518
        INFO [12-06|16:39:14] Loaded most recent local fast block     number=66
hash=77140e…428e9f td=8713518
        INFO [12-06|16:39:14] Exporting blockchain                    file=./bak
        INFO [12-06|16:39:14] Exporting batch of blocks               count=67
        INFO [12-06|16:39:14] Exported blockchain                     file=./bak
```

导出成功后会在当前目录下多处一个 bak 文件：

```
$ ll

total 88
drwxr-xr-x   6 shouhewu    staff    192B 12  6 16:39 ./
drwxr-xr-x   3 shouhewu    staff     96B 12  5 20:44 ../
-rwxr-xr-x   1 shouhewu    staff     35K 12  6 16:39 bak*
drwxr-xr-x   5 shouhewu    staff    160B 12  6 16:38 db/
-rw-r--r--   1 shouhewu    staff     65B 12  6 16:35 ecc.key
-rw-r--r--   1 shouhewu    staff    643B 12  5 20:44 gensis.json
```

- 移除区块数据

移除 db 目录中的区块数据：

```
$ geth --datadir './db' removedb

/Users/shouhewu/devWorkspace/geth/testnet/geth/db/geth/chaindata
Remove this database? [y/N] y
Remove this database? [y/N] y
        INFO [12-06|16:41:17] Database successfully deleted    database=chaindata
elapsed=6.687ms
/Users/shouhewu/devWorkspace/geth/testnet/geth/db/geth/lightchaindata
Remove this database? [y/N] y
Remove this database? [y/N] y
        INFO [12-06|16:41:20] Database successfully deleted    database=lightchaindata
elapsed=6.258ms
```

- 导入区块数据

在导入区块数据之前先要用 gensis.json 文件执行初始化操作：

```
$ geth --datadir "./db" init gensis.json

    WARN [12-05|20:46:51] No etherbase set and no accounts found as default
        INFO [12-05|20:46:51] Allocated cache and file handles   database=/Users/
shouhewu/devWorkspace/geth/testnet/geth/db/geth/chaindata cache=16 handles=16
        INFO [12-05|20:46:51] Writing custom genesis block
```

```
        INFO [12-05|20:46:51] Successfully wrote genesis state         database=chaindata
hash=aab8e5…a54b28
        INFO [12-05|20:46:51] Allocated cache and file handles         database=/Users/
shouhewu/devWorkspace/geth/testnet/geth/db/geth/lightchaindata cache=16 handles=16
        INFO [12-05|20:46:51] Writing custom genesis block
        INFO [12-05|20:46:51] Successfully wrote genesis state         database=lightcha
indata                                                          hash=aab8e5…a54b28
```

初始化完成后，可以开始导入区块数据了：

```
$ geth --datadir './db' import ./bak

WARN [12-06|18:15:13] No etherbase set and no accounts found as default
        INFO [12-06|18:15:13] Allocated cache and file handles         database=/
Users/shouhewu/devWorkspace/geth/testnet/geth/test/geth/chaindata cache=128
handles=1024
        INFO [12-06|18:15:13] Disk storage enabled for ethash caches    dir=/Users/
shouhewu/devWorkspace/geth/testnet/geth/test/geth/ethash count=3
        INFO [12-06|18:15:13] Disk storage enabled for ethash DAGs      dir=/Users/
shouhewu/.ethash                                                  count=2
        INFO [12-06|18:15:13] Loaded most recent local header          number=0
hash=aab8e5…a54b28 td=1
        INFO [12-06|18:15:13] Loaded most recent local full block      number=0
hash=aab8e5…a54b28 td=1
        INFO [12-06|18:15:13] Loaded most recent local fast block      number=0
hash=aab8e5…a54b28 td=1
        INFO [12-06|18:15:13] Importing blockchain                     file=./bak
        INFO [12-06|18:15:14] Imported new chain segment               blocks=66 txs=1
mgas=0.021 elapsed=883.015ms mgasps=0.024 number=66 hash=77140e…428e9f
     Import done in 884.612017ms.
     Compactions
      Level | Tables | Size(MB) | Time(sec) | Read(MB) | Write(MB)
      ------+--------+----------+-----------+----------+----------
        0   |    1   |  0.00070 |  0.00000  |  0.00000 |  0.00000
     Trie cache misses:   3
     Trie cache unloads:  0
     Object memory: 54.720 MB current, 34.438 MB peak
     System memory: 76.819 MB current, 75.381 MB peak
     Allocations:   2.296 million
     GC pause:      1.092219ms
     Compacting entire database...
     Compaction done in 5.163464ms.
     Compactions
      Level | Tables | Size(MB) | Time(sec) | Read(MB) | Write(MB)
      ------+--------+----------+-----------+----------+----------
        0   |    0   |  0.00000 |  0.00172  |  0.00000 |  0.03745
        1   |    1   |  0.03139 |  0.00168  |  0.03816 |  0.03139
        INFO [12-06|18:15:14] Database closed                         database=/
Users/shouhewu/devWorkspace/geth/testnet/geth/test/geth/chaindata
```

- 更新区块数据

更新 db 目录中区块数据，会向其他节点重新同步数据：

```
$ geth --datadir './db' upgradedb

INFO [12-06|18:31:04] Starting peer-to-peer node               instance=Geth/v1.7.3-stable-4bb3c89d/darwin-amd64/go1.9.2
INFO [12-06|18:31:04] Allocated cache and file handles         database=/Users/shouhewu/devWorkspace/geth/testnet/geth/db/geth/chaindata cache=128 handles=1024
INFO [12-06|18:31:04] Initialised chain configuration          config="{ChainID: 15 Homestead: 0 DAO: <nil> DAOSupport: false EIP150: <nil> EIP155: 0 EIP158: 0 Byzantium: <nil> Engine: unknown}"
INFO [12-06|18:31:04] Disk storage enabled for ethash caches   dir=/Users/shouhewu/devWorkspace/geth/testnet/geth/db/geth/ethash count=3
INFO [12-06|18:31:04] Disk storage enabled for ethash DAGs     dir=/Users/shouhewu/.ethash count=2
INFO [12-06|18:31:04] Initialising Ethereum protocol           versions="[63 62]" network=1
INFO [12-06|18:31:04] Loaded most recent local header          number=66 hash=77140e…428e9f td=8713518
INFO [12-06|18:31:04] Loaded most recent local full block      number=66 hash=77140e…428e9f td=8713518
INFO [12-06|18:31:04] Loaded most recent local fast block      number=66 hash=77140e…428e9f td=8713518
INFO [12-06|18:31:04] Loaded local transaction journal         transactions=0 dropped=0
INFO [12-06|18:31:04] Regenerated local transaction journal    transactions=0 accounts=0
WARN [12-06|18:31:04] Blockchain not empty, fast sync disabled
INFO [12-06|18:31:04] Starting P2P networking
INFO [12-06|18:31:06] UDP listener up                          self=enode://b8f1a292e23087df37b18461a81a50bc4ca19963b18136aefec877fccef17b8c3a671b1753663673fd0deb9a93e4fda4bcb9e9c133fc835d66421c8d9ba2f4b4@[::]:30303
INFO [12-06|18:31:06] RLPx listener up                         self=enode://b8f1a292e23087df37b18461a81a50bc4ca19963b18136aefec877fccef17b8c3a671b1753663673fd0deb9a93e4fda4bcb9e9c133fc835d66421c8d9ba2f4b4@[::]:30303
INFO [12-06|18:31:06] IPC endpoint opened: /Users/shouhewu/devWorkspace/geth/testnet/geth/db/geth.ipc
```

- dump

从区块链中 dump 制定区块数据：

```
$ geth --datadir './db' dump 0

INFO [12-06|18:32:56] Allocated cache and file handles         database=/Users/shouhewu/devWorkspace/geth/testnet/geth/db/geth/chaindata cache=128 handles=1024
INFO [12-06|18:32:56] Disk storage enabled for ethash caches   dir=/Users/shouhewu/devWorkspace/geth/testnet/geth/db/geth/ethash count=3
INFO [12-06|18:32:56] Disk storage enabled for ethash DAGs     dir=/Users/
```

```
shouhewu/.ethash                                              count=2
    INFO [12-06|18:32:56] Loaded most recent local header      number=66
hash=77140e…428e9f td=8713518
    INFO [12-06|18:32:56] Loaded most recent local full block  number=66
hash=77140e…428e9f td=8713518
    INFO [12-06|18:32:56] Loaded most recent local fast block  number=66
hash=77140e…428e9f td=8713518
{
    "root": "cda33df70bdef72261c54b8aa6a27720e9d8084bcd9480d5a4a4d093bc5afe3b",
    "accounts": {
        "eb680f30715f347d4eb5cd03ac5eced297ac5046": {
            "balance": "1000000000000000000000000000000000",
            "nonce": 0,
            "root": "56e81f171bcc55a6ff8345e692c0f86e5b48e01b996cadc001622fb5e363b421",
            "codeHash": "c5d2460186f7233c927e7db2dcc703c0e500b653ca82273b7bfad8045d85a470",
            "code": "",
            "storage": {}
        }
    }
}
    INFO [12-06|18:32:56] Database closed                      database=/
Users/shouhewu/devWorkspace/geth/testnet/geth/db/geth/chaindata
```

geth dump number/blockHash，dump 后可以传入区块编号或区块 hash 值。

5.4 以太坊 TestRPC 测试链搭建

testrpc 是一个基于 Node.js 开发的以太坊客户端，它使用 ethereumjs 模拟以太坊完整客户端的行为，来帮助我们快速开发以太坊应用。

1. 安装

testrpc 是用 JavaScript 编写的，安装前请确保你安装的 nodejs 版本 >=v6.9.1。

```
$ npm install -g ethereumjs-testrpc
```

2. 使用

我们详细地讲一下 testrpc 客户端的使用方法，testrpc 客户端的基本使用方法如下。

```
$ testrpc <options>
```

options

- -a 或 --accounts。指定在启动时生成多少个账户。

例子：

```
$ testrpc -a 1
```

```
EthereumJS TestRPC v4.1.3 (ganache-core: 1.1.3)

Available Accounts
==================
(0) 0x2b2dcf5b40015e0285cb88b009d77831c739f45d

Private Keys
==================
(0) 4cd8229d762eff98d43fe884b476ccc199a0af1e7a2c2cd4505cc31fd108faeb

HD Wallet
==================
Mnemonic:      stock spice indicate army clinic rug cycle anger despair pulse uphold inherit
Base HD Path: m/44'/60'/0'/0/{account_index}

Listening on localhost:8545
```

- -b 或 --blocktime。设置每隔多少秒产生一个区块，用于自动挖矿。默认 0，不会自动挖矿

例子：

```
$ testrpc -b 1
```

- -d 或 --deterministic。产生一个基于之前定义的助记符的确定地址。你不需要关心之前定义的助记符是什么，如果你使用了 testrpc -d，那么你每次启动 testrpc 都会使用同一个助记符。

例子：

```
$ testrpc -a 1 -d

EthereumJS TestRPC v4.1.3 (ganache-core: 1.1.3)

Available Accounts
==================
(0) 0x90f8bf6a479f320ead074411a4b0e7944ea8c9c1

Private Keys
==================
(0) 4f3edf983ac636a65a842ce7c78d9aa706d3b113bce9c46f30d7d21715b23b1d

HD Wallet
==================
Mnemonic:      myth like bonus scare over problem client lizard pioneer submit female collect
Base HD Path:  m/44'/60'/0'/0/{account_index}

Listening on localhost:8545
```

- -n 或 --secure。默认锁上所有可用的账户（有利于第三方的交易）
- -m 或 --mnemonic。使用一个指定的分层确定钱包助记符（HD wallet mnemonic）来生成初始的地址

例子：

```
$ testrpc -a 1 -m "squirrel shield mass midnight aim ocean sudden brave bounce swamp attract tower"

EthereumJS TestRPC v4.1.3 (ganache-core: 1.1.3)

Available Accounts
==================
(0) 0xd4ce85753a9245ec87f9ddb4f10feef237a8b922

Private Keys
==================
(0) 3b5d26302347447b47ae251c00102e99cf6d44dc3bb48adf0b0a0be152ee988e

HD Wallet
==================
Mnemonic:       squirrel shield mass midnight aim ocean sudden brave bounce swamp attract tower
Base HD Path:  m/44'/60'/0'/0/{account_index}

Listening on localhost:8545
```

- -p 或 --port。用于监听的端口。默认 8545

例子：

```
$ testrpc -a 1 -d -p 8888

EthereumJS TestRPC v4.1.3 (ganache-core: 1.1.3)

Available Accounts
==================
(0) 0x90f8bf6a479f320ead074411a4b0e7944ea8c9c1

Private Keys
==================
(0) 4f3edf983ac636a65a842ce7c78d9aa706d3b113bce9c46f30d7d21715b23b1d

HD Wallet
==================
Mnemonic:       myth like bonus scare over problem client lizard pioneer submit female collect
Base HD Path:  m/44'/60'/0'/0/{account_index}

Listening on localhost:8888
```

- -h 或 --hostname。用于设置监听的域名。默认是 localhost

```
$ testrpc -a 1 -d -p 8888

EthereumJS TestRPC v4.1.3 (ganache-core: 1.1.3)

Available Accounts
==================
(0) 0x90f8bf6a479f320ead074411a4b0e7944ea8c9c1

Private Keys
==================
(0) 4f3edf983ac636a65a842ce7c78d9aa706d3b113bce9c46f30d7d21715b23b1d

HD Wallet
==================
Mnemonic:      myth like bonus scare over problem client lizard pioneer submit female collect
Base HD Path:  m/44'/60'/0'/0/{account_index}

Listening on 0.0.0.0:8888
```

- -s 或 --seed。使用任意的数据生成分层确定钱包助记符（HD wallet mnemonic）。种子是一串由随机数生成器生成的随机数。这串随机数可以用来生成钱包中不同账户的公私钥对

```
$ testrpc -a 1  -s "11"

EthereumJS TestRPC v4.1.3 (ganache-core: 1.1.3)

Available Accounts
==================
(0) 0x542d03ebb5f091bf2b08b5766ed896b62310d92a

Private Keys
==================
(0) c2ad48afbef7564d65589afce4c6e0e02e902ca46a79d259add7a31e5f5a1cda

HD Wallet
==================
Mnemonic:      donor curve veteran risk blind morning jewel sock quarter rescue security biology
Base HD Path:  m/44'/60'/0'/0/{account_index}

Listening on localhost:8545
```

- -g 或 --gasPrice。自定义 gas 价格（默认 20000000000）
- -l 或 --gasLimit。自定义 gas 限额（默认 0x47E7C4）

- -f 或 --fork。从另一个当前正在运行着的以太坊客户端所给的区块编号开始分叉。参数值应该是另一个客户端的 HTTP 访问地址和端口号，如：http://localhost:8545。你可以使用 "@" 号来指定要区块编号：http://localhost:8545@1599200

例子：

```
$ testrpc -a 1  -p 8888  -f http://localhost:8545@5

EthereumJS TestRPC v4.1.3 (ganache-core: 1.1.3)

Available Accounts
==================
(0) 0xc794ac2dcd8560900efe3ff356e866f937db038d

Private Keys
==================
(0) 6aed86b1575b0284e2bd9319d024bd63316c808711849c0b3d0b41c3385bc634

HD Wallet
==================
Mnemonic:       allow solar law slice wrap pilot suggest muscle public crash six stick
Base HD Path:  m/44'/60'/0'/0/{account_index}

Forked Chain
==================
Location:       http://localhost:8545
Block:          5
Network ID:     1980
Time:           Mon Nov 13 2017 17:11:16 GMT+0800 (CST)

Listening on localhost:8888
```

- -i 或 --network-id。指定网络 id，TestRPC 将用来识别它自己（默认当前时间，或如果配置了分叉网络的话，那会使用分叉网络的 id）
- --db。指定一个保存区块数据的目录路径。如果目录中已经存在一个数据库了，TestRPC 会初始化那个链，而不再创建一个新链了
- --debug。输出用于 debug 的虚拟机操作码（opcodes）
- --mem。输出 TestRPC 的内存使用统计。这会替换正常的输出

特殊 Options

- --account。设置 --account=…（注意 account 后面没有 's'）使用私钥和他们的余额来生成初始账户

基本使用方法：

```
$ testrpc --account="<privatekey>,balance"
```

例子：

```
$ testrpc --account="0xc2cd0c2255cee63577a37600207dff2789692fb8ec485409e1858900ed212af6,10000" --account="0x849137c24aef6e0dea7d35124ca53970e6bf924a74f112eff341a25364d26ce5,1000"

EthereumJS TestRPC v4.1.3 (ganache-core: 1.1.3)

Available Accounts
==================
(0) 0xb40964f65e1decf09cea75c742f8b4be28e12291
(1) 0x479be010c2bdfaecc77ad624cb86133b91b79d94

Private Keys
==================
(0) c2cd0c2255cee63577a37600207dff2789692fb8ec485409e1858900ed212af6
(1) 849137c24aef6e0dea7d35124ca53970e6bf924a74f112eff341a25364d26ce5

Listening on localhost:8545
```

> **注意** 私钥有 64 个字符，并且必须是以 0x 开头的十六进制的字符串。余额可以是一个整数，也可以是一个 0x 开头的十六位进制的值，单位是 wei。当使用 --account 时，testrpc 不会为你创建 HD wallet。

- -u 或 --unlock。可以申明 --unlock…多次，在解锁账户时即可以向 --unlock…传入公钥地址也可以传入账户的索引号。当结合 -secure 使用时，--unlock 会覆盖指定账户的锁定状态。

```
$ testrpc --secure --unlock "0x1234..." --unlock "0xabcd..."
```

也通过指定账户的索引值来解锁账户：

```
$ testrpc --secure -u 0 -u 1
```

3. 类（Library）

testrpc 也可以作为一个类库来使用。

（1）当做一个 Web3 provider：

```
var TestRPC = require("ethereumjs-testrpc");
web3.setProvider(TestRPC.provider());
```

（2）当做一个普通的 http 服务：

```
var TestRPC = require("ethereumjs-testrpc");
var server = TestRPC.server();
server.listen(port, function(err, blockchain) {...});
```

.provider() 和 .server() 都会返回一个对象，通过这个返回的对象你可以设置 testprc 的行为，对象中的参数是可选的，可用的参数如下。

- "accounts"。数组对象，数组中每个对象需要有个 balance 的键，键对应的值用十六进制表示。同样 secretKey 键也必须要指明，它表示账户的私钥。如果没有指明 secretKey 键，那么会自动生成一个

例子：

```
const Web3 = require('web3')
const TestRPC = require('ethereumjs-testrpc')
const web3 = new Web3()
// 设置参数
web3.setProvider(TestRPC.provider({
    port: 9999,
    accounts: [
        { balance: '0x12' },
        { balance: '0x13' }
    ]
}))

web3.eth.getAccounts((err, result) => {
    if (err) { console.log(err) }
    console.log(result)
})

// 输出:

// [ '0x818bbf40a7e9d6ab89f7d93432446f0efb60bd59',
// '0x6dfb204d53f5d76d69d27875c0eea208f05514d9' ]
```

- "debug"。boolean– 输出虚拟机的操作码用于 debug
- "logger"。Object– 对象，就像 console，实现了一个 log() 方法
- "mnemonic"。使用一个指定的分层确定钱包助记符（HD wallet mnemonic）来生成初始地址
- "port"。作为一个服务时，监听的端口
- "seed"。使用一个任意的数据，用来生成要被使用的分层确定钱包助记符
- "total_accounts"。number– 启动时生成多少个账户
- "fork"。string– 和上面的 --fork 选项一样
- "network_id"。integer– 和上面的 --networkId 选项一样
- "time"。Date– 第一个区块开始的日期，使用这个功能，配合 evm_increaseTime 方法一起测试有时间依赖性的代码
- "locked"。boolean– 默认情况下，账户是否被锁的
- "unlocked_accounts"。Array– 要被解锁的地址或地址索引的数组

- "db_path"。String– 指定一个保存区块链数据的目录。如果目录中已经存在一个数据库了，TestRPC 会初始化那个链，而不再创建一个新链了。

4. Testrpc 中已实现的方法

当前已实现的 RPC 方法：

- bzz_hive (stub)
- bzz_info (stub)
- debug_traceTransaction
- eth_accounts
- eth_blockNumber
- eth_call
- eth_coinbase
- eth_estimateGas
- eth_gasPrice
- eth_getBalance
- eth_getBlockByNumber
- eth_getBlockByHash
- eth_getBlockTransactionCountByHash
- eth_getBlockTransactionCountByNumber
- eth_getCode (only supports block number "latest")
- eth_getCompilers
- eth_getFilterChanges
- eth_getFilterLogs
- eth_getLogs
- eth_getStorageAt
- eth_getTransactionByHash
- eth_getTransactionByBlockHashAndIndex
- eth_getTransactionByBlockNumberAndIndex
- eth_getTransactionCount
- eth_getTransactionReceipt
- eth_hashrate
- eth_mining
- eth_newBlockFilter

- eth_newFilter (includes log/event filters)
- eth_protocolVersion
- eth_sendTransaction
- eth_sendRawTransaction
- eth_sign
- eth_syncing
- eth_uninstallFilter
- net_listening
- net_peerCount
- net_version
- miner_start
- miner_stop
- personal_listAccounts
- personal_lockAccount
- personal_newAccount
- personal_unlockAccount
- personal_sendTransaction
- shh_version
- rpc_modules
- web3_clientVersion
- web3_sha3

还有一些非标准的方法，在原始的 RPC 规范中没有的：

- evm_snapshot。在当前区块的区块链的状态快照。不接受参数。返回这创建的快照的整数 ID
- evm_revert。把区块链的状态恢复到前面某个快照的。可以填写一个参数，要恢复到的那个快照的 id。如果没有传入参数，则恢复到最新的一个快照版本，返回 true
- evm_increaseTime。增加时间。接受一个参数，增长的时间的量，以秒计。返回这调整的总的时间，以秒计
- evm_mine。强制一个区块被挖到。不接受参数。跟是不是在挖矿没有关系，独立的挖一个区块

5. Docker

使用 docker 镜像：

```
docker run -d -p 8545:8545 ethereumjs/testrpc:latest
```

通过 Docker 向 testrpc 传递参数：

```
docker run -d -p 8545:8545 ethereumjs/testrpc:latest -a 10 --debug
```

使用源码构建 Docker 容器：

```
git clone https://github.com/ethereumjs/testrpc.git && cd testrpc
docker build -t ethereumjs/testrpc .
```

5.5 本章小结

本章主要讲解如何从头开始搭建一个以太坊私有链，私有链搭建好后就可以进入 javascript 控制台与以太坊节点交互，本章主要演示了：新建账户、查询账户余额、转账、查询交易状态、查询区块等基本功能。在结尾处还介绍了 testrpc，testrpc 是用 javascript 编写的以太坊客户端，通过 testrpc 可以非常方便地测试我们的智能合约。

第 6 章 Chapter 6

以太坊的编程接口

go-ethereum 私有链搭建完成后,我们可以通过以下三种方式与区块链交互:
- JavaScript Console:在 geth 控制台与以太坊交互。
- JSON-RPC:一种无状态的、轻量级的远程过程调用协议,可以跨语言调用。
- web3.js:web3.js 是以太坊提供的一个 Javascript 库,它封装了以太坊的 JSON-RPC API,提供了一系列与区块链交互的 Javascript 对象和函数。

JavaScript Console 交互方式我们在上一章已经介绍过了,在这一章我们将介绍剩余的两种交互方式。

6.1 web3.js API

通过 web3.js 提供的 web3 对象,我们可以很方便的与以太坊交互,web3.js 是以太坊提供的 Javascript 库,它封装了以太坊的 JSON RPC API,所以 web3.js 可以与任何暴露了 RPC 接口的以太坊区块链节点连接。

6.1.1 安装 web3.js 并创建实例

1. 安装 web3.js

通过 npm 命令安装 web3 到项目中

```
$ npm install --save web3@0.20.0
```

2. 创建 web3 实例

要使用 web3.js 与区块链交互，首先需要创建 web3 对象，然后连接到以太坊节点。

```
var Web3 = require("web3");
// 创建 web3 对象
var web3 = new Web3();
// 连接到以太坊节点
web3.setProvider(new Web3.providers.HttpProvider("http://localhost:8545"));
```

创建成功后，就可以使用 web3 的相关 API 了。接下来我们会选择几个常用的 API 进行详细介绍。

6.1.2 账户相关 API

查看我们当前连接的以太坊节点上所有可用账号：

```
// 列出所有的可用账户
var accounts = web3.eth.accounts;
console.info(accounts);
```

执行完成后会返回节点上所有可用的账号，如果没有可用账号则返回一个空数组。接下来查看各个账号里面的余额：

```
// 查看余额
var balance_1 = web3.eth.getBalance(web3.eth.accounts[0]);
console.info(balance_1.toString());

var balance_2 = web3.eth.getBalance(web3.eth.accounts[1]);
console.info(balance_2.toString());
```

这里返回的余额是以 wei 为单位表示的，如果想要以 ether 为单元表示，则可以通过下面的语句进行转换：

```
var balance_eth = web3.fromWei(balance_1, 'ether');
```

6.1.3 交易相关 API

在以太坊中两个账户之间的转账操作可以当作是一个交易，同样调用智能合约中的函数也可以当作是一个交易，所以接下来我们会分别对这两个不同类型的交易进行讲解。

1. 账户之间转账交易

在转账开始之前如果我们不知道需要给交易设置多少 gas，可以通过下面的语句估算本次交易大概需要消耗的 gas：

```
// 估算转账大概需要消耗的 gas
var estimate_gas = web3.eth.estimateGas({
```

```
    from: web3.eth.accounts[0],
    to: web3.eth.accounts[1],
    value: web3.toWei(1, 'ether')
});
console.info(estimate_gas);//21000
```

一般简单的转账交易通常会消耗 21000gas，获取将要消耗的 gas 数量后，接下来就可以构建一个转账交易了。一个交易通常由以下几个部分组成：

- from：交易发送者的地址，这笔交易最后需要 from 的私钥签名。
- to：接收这笔交易转账的目的地址。
- value：这笔交易转账的金额，以 wei 为单位。
- gas：这笔交易中可使用的 gas，未使用的 gas 会被退回。
- gasPrice：这笔交易中附加的 gas 价格，默认是网络 gas 价格的平均值。

交易对象构建完成后就可以通过 web3.eth.sendTransaction 向节点发送交易请求了。

```
// 开始转账操作
var txId = web3.eth.sendTransaction({
    from: web3.eth.accounts[0],
    to: web3.eth.accounts[1],
    value: web3.toWei(1, "ether"),
    gas: estimate_gas
});
// 返回的交易 Hash
console.info(txId); // 0xb74cc27f26de9341fa60ae16c3b00a2b5fc282534e32dfcd2fc70e0ac777f699
```

交易被发送成功后返回一个交易 Hash 值，通过这个交易 Hash 值，进行以下两个操作：

```
// 查询转账交易详情
var tx = web3.eth.getTransaction(txId);
console.info(tx);

// 查询交易收据详情
var tx_receipt = web3.eth.getTransactionReceipt(txId);
console.info(tx_receipt);
```

2. 发送一个已经签名的转账交易

以上发起的交易的账号都存储在于我们连接的以太坊节点中，如果我们自己有一个账号，并且这个账号不存储在我们连接的以太坊节点中，那么我们怎么通过 web3 提供的 API 去发送交易呢？我们可以通过 web3.eth.sendRawTransaction 方法完成交易的签名与发送。

（1）创建待发送的交易

```
var address="0x90f8bf6a479f320ead074411a4b0e7944ea8c9c1";

var nonce = web3.eth.getTransactionCount(address,'pending');
```

```
var amount=web3.toWei(1, "ether");

var rawTx = {
    from:address,
    to: '0x1df62f291b2e969fb0849d99d9ce41e2f137006e',
    value: web3.toHex(amount),
    nonce: web3.toHex(nonce),
    gasLimit: web3.toHex('49674')
}
```

rawTx 中包含：

- nonce：记录 from 账户送出的交易数量，用来避免 replay attack，每次发送都要加 1。可以用 eth_getTransactionCount 查询目前账户的 nonce。
- gasLimit：当前交易最大消耗 gas 数量，多余的会在交易结束后返还。
- to：接受者地址。
- value：要送的 Ether 数量，以 wei 为单位。

（2）给交易添加签名

要想给刚刚创建的交易 rawTx 加上签名，需要使用另外一个库，该库通过 npm 命令安装：

```
$ npm install --save ethereumjs-tx@1.3.3
```

安装成功后，开始给 rawTx 创建签名：

```
// 引入包
var Tx = require('ethereumjs-tx');

// 创建 raw transaction
var tx = new Tx(rawTx);

// from 地址的私钥
var privateKey = new Buffer('4f3edf983ac636a65a842ce7c78d9aa706d3b113bce9c46f30d7d21715b23b1d', 'hex')

// 使用私钥给 rawTx 签名
tx.sign(privateKey);

// 签名后的交易
var serializedTx = tx.serialize();
// 控制台中输出签名后的交易信息
console.log(serializedTx.toString('hex'));
```

（3）发送已签名交易

交易发送成功后会返回一个交易的 Hash 值。

```
web3.eth.sendRawTransaction('0x' + serializedTx.toString('hex'), function(err,
```

```
hash) {
    if (!err) {
        console.log(hash);// 返回交易 Hash
    } else {
        console.log(err)
    }
});
```

3. 调用合约

在以太坊中可以通过交易调用智能合约中的函数，有关智能合约相关的内容在下一章详细讲解，在本章只讲解如何通过交易调用合约。以下是当前例子中要使用的智能合约：

```
pragma solidity ^0.4.10;

contract Storage {
    uint256 storedData;
    function set(uint256 data) {
        storedData = data;
    }
    function get() constant returns (uint256) {
        return storedData;
    }
}
```

首先我们先把这个合约部署到以太坊网络上，有关合约部署的方法请参考第 9 章。合约部署成功后我们会得到三个比较重要的东西：

1）合约地址：0x254dffcd3277c0b1660f6d42efbb754edababc2b。

2）合约的接口描述文件：

```
[{
    "constant": false,
    "inputs": [{
        "name": "data",
        "type": "uint256"
    }],
    "name": "set",
    "outputs": [],
    "payable": false,
    "type": "function"
}, {
    "constant": true,
    "inputs": [],
    "name": "get",
    "outputs": [{
        "name": "",
        "type": "uint256"
    }],
    "payable": false,
```

```
    "type": "function"
}]
```

3）合约函数的签名，合约函数的签名获取方式如下：

```
// 将合约的 get() 方法先经过 sha3 计算后，取除了 0x 外的前面的 8 位
var get_func_sign =web3.sha3('get()').substr(2,8);          //6d4ce63c

// 将合约的 set(uint256) 方法先经过 sha3 计算后，取除了 0x 外的前面的 8 位
var set_func_sign =web3.sha3('set(uint256)').substr(2,8);   //60fe47b1

/**
Storage 合约里所有函数的签名如下：

6d4ce63c get()
60fe47b1 set(uint256)
*/
```

目前有两种方法可以调用合约：
- 通过合约地址加合约接口描述文件。
- 通过合约地址加被调用合约的函数签名。

第一种方式我们在第 9 章讲解，在本章将着重讲解第二种方式。

首先我们构建一个调用 get 方法的交易：

```
var tx_get = {
    "from": "0x90f8bf6a479f320ead074411a4b0e7944ea8c9c1",
    "to": "0x254dffcd3277c0b1660f6d42efbb754edababc2b",
    "data": "0x" + "6d4ce63c" + "0000000000000000000000000000000000000000000000000000000000000000"
};
```

tx_get 中包含：
- from：交易发送者的地址。
- to：合约地址。
- data：传给合约的参数，由 0x、6d4ce63c 和一个 32byte 的参数 0x6d4ce63c0000000000 0000000000000000000000000000000000000000000000000000 组成。因为我们调用的是 get 方法不需要传递参数，所以这里传入的是 0。

执行交易：

```
var result = web3.eth.call(tx_get);
console.info(result);// 0x0000000000000000000000000000000000000000000000000000000000000000
```

执行完成后返回的是 0，因为我们还没有开始给 storedData 设置值。接下来开始调用 set 方法给 storedData 设置一个值，首先还是要构建一个 set 方法的交易：

```
var tx_set = {
    "from": "0x90f8bf6a479f320ead074411a4b0e7944ea8c9c1",
    "to": "0x254dffcd3277c0b1660f6d42efbb754edababc2b",
    "gaslimit": web3.toHex("50000"),
    "data": "0x60fe47b1000000000000000000000000000000000000000000000000000000000000001"
};
```

tx_set 中包含：

- from：交易发送者的地址。
- to：合约地址。
- gaslimit：这笔交易中允许消耗的最大 gas 数量。
- data：传给合约的参数，由 0x、60fe47b 和一个 32byte 的参数 0x60fe47b100000000000000000000000000000000000000000000000000000000000001 组成。这里我们调用的是 set 方法，所以我们给 set 函数传入值 1。

执行交易：

```
var txId = web3.eth.sendTransaction(tx_set);// 返回交易 hash
```

执行成功后我们继续调用 get 方法看返回的是不是刚刚传入的值：

```
var result = web3.eth.call(tx_get);
console.info(result);// 0x0000000000000000000000000000000000000000000000000000000000000001
```

执行成功后输出的值是 1，与我们刚才传入的值一致。

4. 发送已签名交易调用合约

和上面的账户转账的问题一样，如果我们的账户不在连接的以太坊节点中，如果通过这个账户调用合约上的函数呢？同样我们可以通过 web3.eth.sendRawTransaction 方法完成调用合约交易的签名与发送。

（1）创建待发送的交易：

```
var rawTx = {
    "from": address,
    "to": '0x254dffcd3277c0b1660f6d42efbb754edababc2b',
    "gas":web3.toHex(50000),
    "value": '0x00',
    "nonce": web3.toHex(nonce),
    "gaslimit": web3.toHex(50000),
    "data": "0x60fe47b1000000000000000000000000000000000000000000000000000000000000003"
}
```

rawTx 中包含：

- nonce：记录 from 账户送出的交易数量，用来避免 replay attack，每次发送都要加 1。可以用 eth_getTransactionCount 查询目前账户的 nonce。
- gasLimit：当前交易最大消耗 gas 数量，多余的会在交易结束后返还。
- gas：交易发起者提供的 gas 数量。
- to：合约地址。
- value：要送的 Ether 数量，以 wei 为单位，这里设置为 0。因为我们只需调用合约，所以不用转账。
- data：传给合约的参数，由 0x、60fe47b 和一个 32byte 的参数 0x60fe47b10000000000000000000000000000000000000000000000000000000000000003 组成。这里我们调用的是 set 方法，所以我们给 set 函数传入值 3。

（2）给交易添加签名

给交易添加签名的代码如下：

```
// 引入包
var Tx = require('ethereumjs-tx');

// 创建 raw transaction
var tx = new Tx(rawTx);

// from 地址的私钥
var privateKey = new Buffer('4f3edf983ac636a65a842ce7c78d9aa706d3b113bce9c46f30d7d21715b23b1d', 'hex')

// 使用私钥给 rawTx 签名
tx.sign(privateKey);

// 签名后的交易
var serializedTx = tx.serialize();
// 控制台中输出签名后的交易信息
console.log(serializedTx.toString('hex'));
```

（3）发送已签名交易

发送已签名交易的代码如下：

```
web3.eth.sendRawTransaction('0x' + serializedTx.toString('hex'), function(err, hash) {
    if (!err) {
        console.log(hash);// 返回交易 Hash
    } else {
        console.log(err);
    }
});
```

交易发送成功后会返回一个交易的 Hash 值。接下来我们调用合约的 get 函数，看看是

否成功将 storedData 值设置为 3

```
var result = web3.eth.call(tx_get);
console.info(result);// 0x000000000000000000000000000000000000000000000000000000000000003
```

执行成功后，我们看出确实返回了 3。

6.1.4 区块相关 API

区块的 API 相对来说比较简单，下面将介绍几个常用的查询区块的方法。

1. 查询最新区块

有两种方法可以查询最新区块信息：

1）通过最新区块编号查询：

```
// 最新区块编号
var blockNumber=web3.eth.blockNumber;

// 根据最新区块编号获取区块详情
var last_block=web3.eth.getBlock(blockNumber);

console.info(last_block);
```

2）直接通过 last 参数返回最新区块：

```
// 获取最新区块详情
var last_block=web3.eth.getBlock('latest');

console.info(last_block);
```

2. 根据区块编号或 Hash 查询区块

根据区块编号或 Hash 查询区块的方法如下：

```
// 根据区块编号查询区块信息
var block=web3.eth.getBlock(0);

console.info(block);

// 根据区块 Hash 查询区块信息
var block=web3.eth.getBlock('0x854444bf49d4f0973faebaf580fe1e104409d5f12e49340cdb36878b6e90fe93');

console.info(block);
```

6.2 JSON-RPC API

JSON-RPC 是一个无状态的、轻量级的远程过程调用协议，可以跨语言调用，通过

JSON-RPC 协议我们可以与任何一个暴露了 RPC 接口的以太坊节点通信。和上面介绍的 web3js API 一样，在这里我们同样会选择几个常用的 API 进行详细介绍。

6.2.1 账户相关 API

查看当前连接的以太坊节点上所有可用账号：

```
curl -X POST \
    http://localhost:8545 \
    -d '{
        "jsonrpc":"2.0",
        "method":"eth_accounts",
        "id":1
    }'
// 返回所有账户列表
{
    "id": 1,
    "jsonrpc": "2.0",
    "result": [
        "0x90f8bf6a479f320ead074411a4b0e7944ea8c9c1",
        "0xffcf8fdee72ac11b5c542428b35eef5769c409f0",
        "0x22d491bde2303f2f43325b2108d26f1eaba1e32b",
        "0xe11ba2b4d45eaed5996cd0823791e0c93114882d",
        "0xd03ea8624c8c5987235048901fb614fdca89b117",
        "0x95ced938f7991cd0dfcb48f0a06a40fa1af46ebc",
        "0x3e5e9111ae8eb78fe1cc3bb8915d5d461f3ef9a9",
        "0x28a8746e75304c0780e011bed21c72cd78cd535e",
        "0xaca94ef8bd5ffee41947b4585a84bda5a3d3da6e",
        "0x1df62f291b2e969fb0849d99d9ce41e2f137006e"
    ]
}
```

执行完成后会返回节点上所有可用的账号，如果没有可用账号会返回一个空的数组。接下来查看各个账号里面的余额，比如查看账户 0x90f8bf6a479f320ead074411a4b0e7944ea8c9c1 的余额：

```
curl -X POST \
    http://localhost:8545 \
    -d '{
        "jsonrpc":"2.0",
        "method":"eth_getBalance",
        "params":["0x90f8bf6a479f320ead074411a4b0e7944ea8c9c1"],
        "id":1
    }'
// 返回余额
{
    "id": 1,
    "jsonrpc": "2.0",
```

```
    "result": "0x05188315f776b613d0"
}
```

查看账户 0xffcf8fdee72ac11b5c542428b35eef5769c409f0 余额：

```
curl -X POST \
    http://localhost:8545 \
    -d '{
        "jsonrpc":"2.0",
        "method":"eth_getBalance",
        "params":["0xffcf8fdee72ac11b5c542428b35eef5769c409f0"],
        "id":1
    }'
// 返回余额
{
    "id": 1,
    "jsonrpc": "2.0",
    "result": "0x05188315f776b613d0"
}
```

6.2.2 交易相关 API

和上面介绍 web3.js API 时一样，在这里我们同样也会介绍两种类型的交易。

1. 账户之间转账交易

在转账操作开始之前可以先估算一下需要多少 gas：

```
curl -X POST \
    http://localhost:8545 \
    -d '{
        "jsonrpc":"2.0",
        "method":"eth_estimateGas",
        "params":[{
            "from": "0x90f8bf6a479f320ead074411a4b0e7944ea8c9c1",
            "to": "0x90f8bf6a479f320ead074411a4b0e7944ea8c9c1",
            "value": "0xde0b6b3a7640000"
        }],
        "id":1
    }'
// 返回需要花费的 gas
{
    "id": 1,
    "jsonrpc": "2.0",
    "result": "0x5208"
}
```

从账户 0x90f8bf6a479f320ead074411a4b0e7944ea8c9c1 给账户 0x90f8bf6a479f320ead074411a4b0e7944ea8c9c1 转 1ether：

```
curl -X POST \
    http://localhost:8545 \
    -d '{
        "jsonrpc":"2.0",
        "method":"eth_sendTransaction",
        "params":[{
            "from": "0x90f8bf6a479f320ead074411a4b0e7944ea8c9c1",
            "to": "0x90f8bf6a479f320ead074411a4b0e7944ea8c9c1",
            "value": "0xde0b6b3a7640000",
            "gas":"0x5208"
        }],
        "id":1
    }'
// 返回交易 Hash
{
    "id": 1,
    "jsonrpc": "2.0",
    "result": "0xf8a6200c46a15da390ae058cff03fee23a23ad423f9c41edbd99cfc99784809f"
}
```

根据返回的交易 Hash-0xf8a6200c46a15da390ae058cff03fee23a23ad423f9c41edbd99cfc99784809f,查看发送的交易详情:

```
curl -X POST \
    http://localhost:8545 \
    -d '{
        "jsonrpc":"2.0",
        "method":"eth_getTransactionByHash",
        "params":["0xf8a6200c46a15da390ae058cff03fee23a23ad423f9c41edbd99cfc99784809f"],
        "id":1
    }'
// 返回转账交易的详细信息
{
    "id": 1,
    "jsonrpc": "2.0",
    "result": {
        "hash": "0xf8a6200c46a15da390ae058cff03fee23a23ad423f9c41edbd99cfc99784809f",
        "nonce": "0x0",
        "blockHash": "0x63b1f47b6013768e62b4e628b7604e6d452b18fe12586b1a6917cdd0955d4ae9",
        "blockNumber": "0x01",
        "transactionIndex": "0x00",
        "from": "0x90f8bf6a479f320ead074411a4b0e7944ea8c9c1",
        "to": "0x90f8bf6a479f320ead074411a4b0e7944ea8c9c1",
        "value": "0x0de0b6b3a7640000",
        "gas": "0x5208",
        "gasPrice": "0x01",
        "input": "0x0"
    }
}
```

转账交易被成功打包后，可查看交易在区块中的详细信息：

```
curl -X POST \
    http://localhost:8545 \
    -d '{
        "jsonrpc":"2.0",
        "method":"eth_getTransactionReceipt",
        "params":["0xf8a6200c46a15da390ae058cff03fee23a23ad423f9c41edbd99cfc99784809f"],
        "id":1
    }'
// 返回交易在区块中的详细信息
{
    "id": 1,
    "jsonrpc": "2.0",
    "result": {
        "transactionHash": "0xf8a6200c46a15da390ae058cff03fee23a23ad423f9c41edbd99cfc99784809f",
        "transactionIndex": "0x00",
        "blockHash": "0x63b1f47b6013768e62b4e628b7604e6d452b18fe12586b1a6917cdd0955d4ae9",
        "blockNumber": "0x01",
        "gasUsed": "0x5208",
        "cumulativeGasUsed": "0x5208",
        "contractAddress": null,
        "logs": [
        ]
    }
}
```

2. 调用合约

这里还是以上面的 storage 合约为例进行演示。storage 合约之前已经部署好了，部署完成的地址是 0x254dffcd3277c0b1660f6d42efbb754edababc2b，接下来我们计算一下合约函数的签名，这样我们就具备了调用合约的两个基本要素了。

计算 get() 函数签名，将合约的 get() 方法先经过 sha3 计算：

```
// Request
curl -X POST \
    http://localhost:8545 \
    -d '{
        "jsonrpc":"2.0",
        "method":"web3_sha3",
        "params":["get()"],
        "id":1
    }'
// 返回
{"id":1,"jsonrpc":"2.0","result":"0x6d4ce63caa65600744ac797760560da39ebd16e8240936b51f53368ef9e0e01f"}
```

执行成功后，对返回的值取除了 0x 外的前面 8 位，即 6d4ce63c。

使用同样的方法计算合约 set(uint256) 方法的签名：

```
// Request
curl -X POST \
    http://localhost:8545 \
    -d '{
        "jsonrpc":"2.0",
        "method":"web3_sha3",
        "params":["set(uint256)"],
        "id":1
    }'
// 返回
{"id":1,"jsonrpc":"2.0","result":"0x60fe47b16ed402aae66ca03d2bfc51478ee897c26a1158669c7058d5f24898f4"}
```

执行成功后，对返回的值取除了 0x 外的前面 8 位，即 60fe47b1。

一切准备工作已经完成了，现在开始调用合约的 get 方法：

```
curl -X POST \
    http://localhost:8545 \
    -d '{
        "jsonrpc":"2.0",
        "method":"eth_call",
        "params":[
            {
                "from": "0x90f8bf6a479f320ead074411a4b0e7944ea8c9c1",
                "to":"0x254dffcd3277c0b1660f6d42efbb754edababc2b",
                "data":"0x6d4ce63c0000000000000000000000000000000000000000000000000000000000000000"
            },
            "latest"
        ],
        "id":1
    }'
// 返回
{"id":1,"jsonrpc":"2.0","result":"0x0000000000000000000000000000000000000000000000000000000000000003"}
```

params 中包含：

- from：交易发送者的地址。
- to：合约地址。
- data：传给合约的参数。由 0x、6d4ce63c 和一个 32bytes 的参数 0x6d4ce63c00000000000000000000000000000000000000000000000000000000 组成，因为我们调用的是 get 方法不需要传递参数，所以这里传入的是 0。

执行完成后返回的是 3，接下来调用合约的 set 函数给 storedData 变量赋一个新的值：

```
curl -X POST \
    http://localhost:8545 \
    -d '{
        "jsonrpc":"2.0",
        "method":"eth_sendTransaction",
        "params":[
            {
                "from": "0x90f8bf6a479f320ead074411a4b0e7944ea8c9c1",
                "to":"0x254dffcd3277c0b1660f6d42efbb754edababc2b",
                "gas": "0xc350",
                "gaslimit":"0xc350",
                "data":"0x60fe47b10000000000000000000000000000000000000000000000000000000000000004"
            }
        ],
        "id":1
    }'
// 返回
{"id":1,"jsonrpc":"2.0","result":"0xb58b05e64ff27daf4b75be87fc65e56734ebbbb50f5b84357899e368b77743dd"}
```

params 中包含:

- from: 交易发送者的地址。
- to: 合约地址。
- gas: 交易发起者提供的 gas 数量。
- gaslimit: 这笔交易中允许消耗最大的 gas 数量。
- data: 传给合约的参数。由 0x、60fe47b 和一个 32bytes 的参数 0x60fe47b10000000000000000000000000000000000000000000000000000000000000004 组成, 这里我们调用的是 set 方法, 所以我们给 set 函数传入值 4。

交易发送成功后会返回一个交易的 Hash 值。接下来我们调用合约的 get 函数, 看看是否成功将 storedData 值设置为 4:

```
curl -X POST \
    http://localhost:8545 \
    -d '{
        "jsonrpc":"2.0",
        "method":"eth_call",
        "params":[
            {
                "from": "0x90f8bf6a479f320ead074411a4b0e7944ea8c9c1",
                "to":"0x254dffcd3277c0b1660f6d42efbb754edababc2b",
                "data":"0x6d4ce63c00000000000000000000000000000000000000000000000000000000"
            },
            "latest"
        ],
```

```
        "id":1
    }'
// 返回
{"id":1,"jsonrpc":"2.0","result":"0x000000000000000000000000000000000000000000000000000000000000004"}
```

执行成功后，可以看到确实返回了 4。

6.2.3 区块相关 API

1. 查询最新区块编号

查询最新区块编号的方法如下：

```
// Request
curl -X POST \
    http://localhost:8545 \
    -d '{
        "jsonrpc":"2.0",
        "method":"eth_blockNumber",
        "params":[],
        "id":1
    }'
// 返回
{"id":1,"jsonrpc":"2.0","result":"0x03"}
```

2. 根据区块编号查询区块信息

根据区块编号查询区块信息的方法如下：

```
// Request
curl -X POST \
    http://localhost:8545 \
    -d '{
        "jsonrpc":"2.0",
        "method":"eth_getBlockByNumber",
        "params":[
            "0x1",
            true
        ],
        "id":1
    }'
```

3. 根据区块 Hash 查询区块信息

```
// Request
curl -X POST \
    http://localhost:8545 \
    -d '{
        "jsonrpc":"2.0",
        "method":"eth_getBlockByHash",
```

```
        "params":[
            "0x3016c78d40524feb006b096d29b436a629abcac87e4436af5511ba6c6416874e",
            true
        ],
        "id":1
}'
```

6.3 本章小结

本章主要介绍了两种与以太坊交互的 API：JSON-RPC 与 web3.js，通过这些 API 的学习，我们可以掌握对以太坊的基本操作：查询区块、发送转账交易、部署合约、调用合约等。其中在我们实际应用中使用频率比较高的是 web3.js API，通过 web3.js API 不仅可以在线发送交易，也可以先离线签名交易然后将签名后的交易发送出去，离线签名交易可以保护私钥不在不安全的网络环境中暴露。

Chapter 7 第 7 章

Solidity IDE 和 Solidity 快速入门

以太坊智能合约默认的编程语言是 Solidity，智能合约的运行环境是以太坊虚拟机 (EVM)。在把智能合约部署到以太坊网络之前需要先将智能合约编译成字节码，然后以交易的形式将智能合约的字节码发送到以太坊网络中，以太坊会为每一个智能合约创建一个合约账户，智能合约的字节码保存在合约账户中。接下来我们将重点讲解一下智能合约的编程语言 Solidity。

7.1 三种 Solidity IDE

在编写 Solidity 之前我们需要找一个合适的 IDE，接下来将会介绍三个 IDE。

7.1.1 browser-solidity

browser-solidity 是一款运行在浏览器端的 solidity IDE，也是官方推荐使用的 IDE，运行 browser-solidity 有两种方式：

- 方法一：直接用浏览器打开网址 https://ethereum.github.io/browser-solidity，然后打开官方部署的在线编辑器进行开发。
- 方法二：如果你的网络状态不是很好，或者合约代码比较重要，不希望在网络上传输，可以本地搭一个和在线编辑器一样的开发环境。在本地部署 browser-solidity 服务，方法如下。

```
$ git clone https://github.com/ethereum/browser-solidity
$ cd browser-solidity
```

```
$ npm install
$ npm run prepublish
$ npm start
```

browser-solidity 服务部署好后，在浏览器中打开 http://127.0.0.1:8080 就可以直接使用本地部署 browser-solidity 进行开发了。

7.1.2　Atom

Atom 是 Github 开源的文本编辑器，Atom 文本编辑器支持 Windows、Mac、Linux 三大桌面平台，完全免费。Atom 内部整合了 GIT 版本管理工具，并提供类似 SublimeText 的包管理功能，支持插件扩展，可配置性非常高，大家通过它可以非常方便地安装和管理各种插件。通过 Atom 编辑器和一些插件就可以搭建出一个 solidity IDE。Atom 官方下载地址：https://atom.io/，成功安装 Atom 后，我们开始安装以下三个插件。

（1）linter-solidity 插件安装，linter-solidity 支持代码错误检查，在命令行中执行：

```
$ apm install linter #(if you don't have AtomLinter/Linter installed).
$ apm install linter-solidity
```

（2）language-ethereum 插件安装，language-ethereum 支持 Solidity 代码高亮以及 Solidity 代码片段，在命令行中执行：

```
$ apm install  language-ethereum
```

（3）autocomplete-solidity 插件安装，autocomplete-solidity 支持代码自动补齐，在命令行中执行：

```
$ apm install autocomplete-solidity
```

7.1.3　IntelliJ IDEA

IntelliJ IDEA 是一款集成开发工具，有旗舰版和社区版两大版本，相对社区版而言旗舰版的功能更加丰富，支持 Windows、Mac、Linux 三大桌面平台，内置 GIT 版本管理工具，通过插件可以支持 Solidity 编程语言。IntelliJ-Solidity 是 IntelliJ IDEA 上的一个插件，IntelliJ-Solidity 可以帮助我们编写 Solidity 智能合约。IntelliJ-Solidity 具有以下功能：语法高亮、代码自动补全、代码格式化。

首先，进入插件安装界面：

- Mac：IntelliJ IDEA –> Preferences –> Plugins；
- Windows：File –> Settings –> Plugins。

在搜索区输入 Intellij-Solidity，如果显示"No Plugins found"，则点击"Serach in repositories"进行仓库搜索，然后点击"Install"，即可安装此插件。在此，需要注意的是：

插件安装成功后，需要重新启动 IntelliJ IDEA 使插件生效。

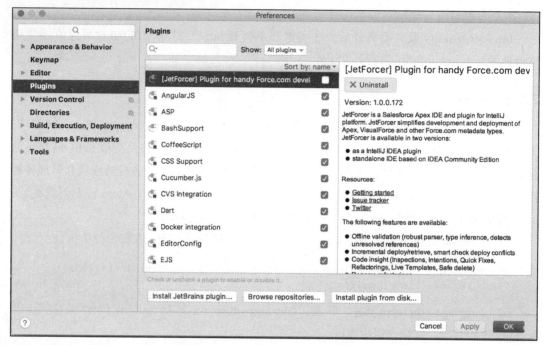

图 7-1　IntelliJ IDEA 插件安装界面

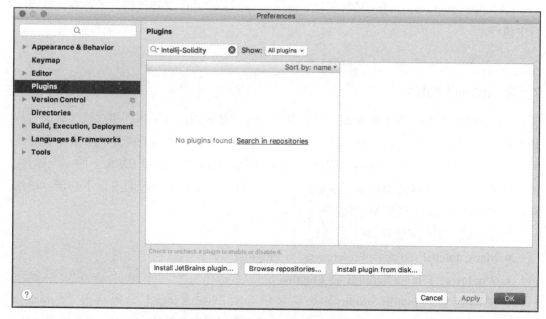

图 7-2　搜索 IntelliJ-Solidity 插件

第 7 章　Solidity IDE 和 Solidity 快速入门　◆　99

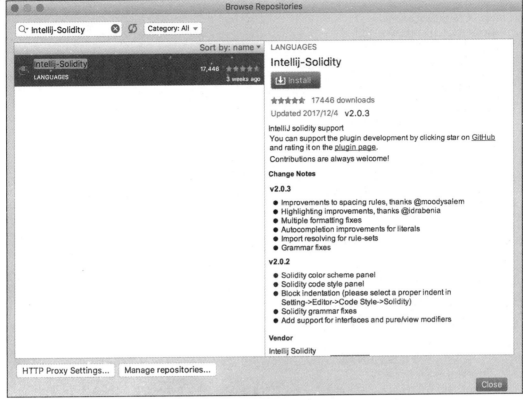

图 7-3　IntelliJ_Solidity 安装界面

7.2　Solidity 快速入门：编写一个简单的银行合约案例

接下来我们通过一个简单的小例子熟悉一下 solidity，这是一个简单的银行合约，有存款、提款、查看余额等功能。

文件为 Simple_bank.sol，具体如下：

```
// 一个简单的银行合约，有存款、提款、查看余额等功能

// simple_bank.sol（注意：.sol 后缀）
/* **** START EXAMPLE **** */

// 三个斜杠开头是 Natspec 注释，它们添加在函数定义或者函数声明的上方

// 这是一个单行注释，两个斜杠开头

/*
这是
多行注释
*/
```

```solidity
/// @title SimpleBank
/// @author shouhe wu

// 版本号
// 指名目前使用的solidity版本，不同版本的solidity可能会编译出不同的bytecode
// 0.4.10 表示版本号，^表示向下兼容

pragma solidity ^0.4.10;

/*
solidity 中的contract 关键字和其他面向对象语言的class 关键字是类似的，在solidity 中
contract 关键字可以看作是一个类，contract 也可以被其他的contract 继承，contract 中也可以有空方
法，这种只有方法接口，没有方法实现的contract 称为抽象合约
*/
contract SimpleBank {                           // 驼峰命名法

    // 在函数外部定义的状态变量的生命周期和合约的生命周期是一样的

    // mapping 是一个字典类型，在这里我们定义了账户到余额的一个映射
    // "private" 仅仅阻止了其他合约来进行访问和修改
    // 但所有区块链中的数据对外部依然是可见的
    mapping (address => uint) private balances;

    /*
    'public' 使编译器为所有的public 的状态变量自动创建访问函数，
    访问函数有外部(external) 可见性。
    如果通过内部(internal) 的方式访问，比如直接访问，可以直接把它当一个变量进行使用，
    但如果使用外部(external) 的方式来访问，如通过 'this.'，那么它必须通过函数的方式来调用
    */

    address public owner;

    // Events - 向外部监听者发布消息
    event LogDepositMade(address accountAddress, uint amount);

    // 构造函数，可以接受一个或多个参数，只能有一个构造函数不可以重载。构造函数和合约名字相同
    function SimpleBank() {
        // msg 提供发送给合约消息的详细信息
        // msg.sender 是合约调用者(合约创建者的地址)
        owner = msg.sender;
    }

    /// @notice 向银行存储以太币
    /// @return 返回用户的余额
    function deposit() payable public returns (uint) {
        balances[msg.sender] += msg.value;

        LogDepositMade(msg.sender, msg.value); // 发送事件

        return balances[msg.sender];
    }
```

```
/// @notice 从银行中取回以太币
/// @param withdrawAmount 希望取回的以太币数量
/// @return 返回用户剩余以太币的数量
function withdraw(uint withdrawAmount) public returns (uint remainingBal) {
    if(balances[msg.sender] >= withdrawAmount) {

        balances[msg.sender] -= withdrawAmount;

        if (!msg.sender.send(withdrawAmount)) {
            // 如果转账失败，返回之前的以太币
            balances[msg.sender] += withdrawAmount;
        }
    }

    return balances[msg.sender];
}

/// @notice 获取余额
/// @return 返回用户的余额
// 'constant 修饰的函数称为常函数，在常函数中不能有修改合约变量的赋值操作
function balance() constant returns (uint) {
    return balances[msg.sender];
}

/*
    一个没有定义回退函数的合约如果接收 ether，会触发异常，并返还 ether(solidity v0.4.0
开始)。所以合约要接收 ether，必须实现回退函数

    如果回退函数需要接受 ether(以太币)，那么必须要有 payable 修饰符，如果没有 payable 修饰符，
那么将不能通过交易接受 ether。

    更多有关回退函数的注意事项，将在接下来的章节中详细介绍

*/
function payable () {
    throw; // 执行失败，返回 ether 给发送者
}
}
// ** END EXAMPLE **
```

通过上面的例子，你应该可以完成一个 solidity 合约编写了，接下来我们将详细地介绍 solidity 语法。

7.3 本章小结

本章节主要讲解了开发 Solidity 的三种工具，大家可以根据自己的喜好选择一种。在本章末尾以一个简单的银行合约的例子向大家介绍了 Solidity 的基本使用方法，有关 Solidity 语法的详细内容将在下一章详细介绍。

第 8 章

Solidity 语法详解

Solidity 是以太坊上编写智能合约的高级语言,运行在以太坊虚拟机(EVM)之上。它的语法接近于 Javascript,是一种面向对象的语言。本章将详细讲解 Solidity 语法。

8.1 注释

1. 单行注释

单行注释用 // 符号。例如:

```
// 这是单行注释
```

2. 多行注释

多行注释用 /* */ 符号。例如:

```
/*
    这是
    多行注释
*/
```

3. 其他注释方法

此外,还有另外一种注释方法,使用 /// 或者 /** ... */,它们用在函数声明上面,可以通过这些注释生成代码文档。例如:

```
pragma solidity ^0.4.10;
```

```
/** @title Shape calculator.*/
contract shapeCalculator{
    /**@dev Calculates a rectangle's surface and perimeter.
     * @param w Width of the rectangle.
     * @param h Height of the rectangle.
     * @return s The calculated surface.
     * @return p The calculated perimeter.
     */
    function rectangle(uint w, uint h) returns (uint s, uint p) {
        s = w * h;
        p = 2 * (w + h);
    }
}
```

8.2 整型和布尔型

8.2.1 整型

整数类型通过 int/uint 关键字定义。对于 int 和 uint 可以显式设置占用空间大小，空间大小从 8 开始并且以 8 位步长递增，最大到 256 位，例如：int8、int16、int24、uint8、uint16、uint 256 等。

```
uint8 b;
int64 c;
uint248 e;
```

int/uint 默认表示的是 uint256 和 int256，也可以显式声明为 256 位整型。

```
int256 constant a=8;
```

uint 一般用来表示货币数量（solidity 中没有 double 和 float）和日期（unix time），由于 Solidity 目前不支持 double/float，如果是 7/2 会得到 3，后面的小数会被截断。

```
//货币
uint balance=1 ether;

//时间
uint now = 1 hours;

//不支持 double/float
uint x = 7;
uint y = 2;
//z 等于 3
var z = x / y;
```

十六进制整数表示：

```
uint VERSION_ID = 0x123A1;
```

整型常量需要通过 constant 修饰符进行初始化的，常数一旦初始化后就不可以修改了，这一点和其他的编程语言是一样的。

```
int constant a = 8;
```

solidity 中没有内置随机函数。可以通过合约实现随机数功能。比如文件 random.sol：

```
pragma solidity ^0.4.8;

contract random{
    function rand(uint min, uint max) public returns (uint){
        uint256 lastBlockNumber = block.number - 1;
        uint256 hashVal = uint256(block.blockhash(lastBlockNumber));
        return hashVal%(min+max)-min;
    }
}
```

8.2.2 布尔型

bool：可能的取值为常量值 true 和 false。

```
bool b = true;
// or
var b = true;// 类型推断
```

8.3 地址

以太坊中的地址为 160 位，即 20 个字节大小，所以可以用一个 uint 160 表示。

```
address public owner;
```

1）查看余额：

```
owner.balance;
```

2）发送以太币有两种方法：

- transfer 从合约发起方向某个地址转入以太币，当地址无效或者发起方余额不足时，transfer 将抛出异常。

```
// 向 addressA 转了一个以太币

addressA.transfer(1 ether);

// or

// 附带 gas
addressA.transfer.gas(120000)(1 ether);
```

- send 是 transfer 的低级版本。当合约执行失败时，send 会返回 false。

```
owner.send(SOME_BALANCE); // 失败时返回 false;

/*
使用 send 时有以下三点需要注意：
第一，send 方法需要包裹在 if 中，因为在调用 send 函数时，合约可能会有函数执行，这些函数可能会执
行失败。
第二，在用 send 方法发送以太币之前，请先执行减少账户余额的操作，因为可能会有递归调用消耗完合约
余额的风险。
第三，用户可以重载 send 方法。
*/
if (owner.send(SOME_BALANCE)) {}
...
```

x.transfer(y) 等价于 if (!x.send(y)) throw;，send 是 transfer 的底层实现，建议尽可能使用 transfer。

8.4 字节数组

8.4.1 固定长字节数组

固定长度字节数组是以 bytes 加上数字后缀的方式定义的，如 bytes2 表示两个字节长度的字节数组。数字后缀表示字节长度从 1 到 32，以步长 1 递增，例如：bytes1，bytes2，...，bytes32。其中 byte 默认表示 bytes1。

```
byte a; // byte 等同于 bytes1
bytes2 b;
bytes32 c;
```

8.4.2 动态长度字节数组

动态长度字节数组分为两种：1）bytes：动态长度字节数组；2）string：动态长度字符串，字符串以 UTF8 形式编码。

- bytes 是一种特殊的数组。bytes 类似 byte[]，在外部函数作为参数时，会进行压缩打包以便节省空间，所以应该尽量使用 bytes。

```
bytes m;
```

- string 类似 bytes，但目前不提供长度和按索引的访问方式。

```
// string 以 UTF-8 形式存储，注意：字符串是用双引号，不是单引号。
string n = "hello";

// 不支持按长度访问
```

```
n.length

// 不支持按索引访问
n[0]
```

8.5 类型转换和类型推断

8.5.1 类型转换

1. 隐式转换

如果运算符应用于不同类型时，编译器将尝试将其中一个操作数隐式转换为其他类型（对于赋值也是如此）。一般来说，值类型之间的隐式转换是有可能的，因为它在语义上有意义且没有信息丢失：uint8 可以转换为 uint16，int128 可以转换为 int256，但 int8 不能转换为 uint256（因为 uint256 不能拥有负数）。此外，无符号整数可以转换为相同或更大尺寸的字节类型（bytes），但反过来则不可以转换。任何可以转换为 uint160 类型的变量都可以转换为地址类型（address）。

```
pragma solidity ^0.4.8;

contract convert{
    // 返回值的类型必须是 int16 类型，如果是 int8 类型会报错，因为运算符已经帮我们隐式转换了类型
    function test() public returns(int16 c){
        int8 a= 1;
        int16 b=2;
        // a+b 的结果会隐式的转换为 int16
        c=a+b;
    }

}
```

2. 显式转换

如果编译器不允许隐式转换，但是你知道你正在做什么，那么有时可以使用显式类型转换。请注意，这可能会产生一些意想不到的行为，所以一定要测试，以确保结果是你想要的。以下示例是将 int8 类型的负数转换为 uint 类型：

```
int8 y = -3;
uint x = uint(y);
```

如果一个类型被显式转换为较小的类型时，则高阶位会被截断：

```
uint32 a = 0x12345678;
uint16 b = uint16(a); // b 的值变成 0x5678 ，高阶位被截断了
```

8.5.2 类型推断

var 在第一次赋值的时候会推断变量的类型，不可以用于函数的参数。

```
var a = true;
```

 使用时需小心，有时候 var 会推断出错误的类型。

var 可以用来把函数赋值给一个变量：

```
function a(uint x) returns (uint) {
    return x * 2;
}
var f = a;
f(22);                    // 调用
```

8.6 时间单位和货币单位

8.6.1 时间单位

seconds、minutes、hours、days、weeks、years 均可作为后缀，并进行相互转换，默认以 seconds 为单位。

默认规则如下：

- 1 == 1 seconds。
- 1 minutes == 60 seconds。
- 1 hours == 60 minutes。
- 1 days == 24 hours。
- 1 weeks = 7 days。
- 1 years = 365 days。

如果你需要使用这些单位进行日期计算，需要特别小心，因为不是每年都是 365 天，且并不是每天都有 24 小时，因为还有闰秒。由于无法预测闰秒，所以对这些时间处理最好不要用等于，优先使用小于或大于。

时间后缀不能用于变量。如果你想在变量中使用时间单位，可以使用下面的方式：

```
uint a = 1;

uint b = a * 1 days;      // a 的值为 86400

uint c = a * 1 seconds;   // c 的值为 1
```

8.6.2 货币单位

可以使用后缀 wei、finney、szabo 或 ether 来在不同货币单位中转换。不含任何后缀的默认单位是 wei。

默认规则如下：

- 1 ether = 1000 finney。
- 1 ether = 1000000 szabo。
- 1 ether = 10 ** 18 wei。

8.7 数组和多维数组

8.7.1 数组

数组可以声明为定长数组，也可以是动态数组。固定长度类型的数组在声明时需要指定数组长度而且在后续的使用过程中不能修改数组长度。动态数组在声明时不需要指定数组长度且在后续的使用过程中可以动态添加元素。具体使用方法请看下面的例子。

固定长度数组的举例如下：

```
uint[5] x;                              // 静态数组

uint[5] x=[1,2,3,4,5];                  // 静态数组初始化

// 修改数组中的元素
x[0]=6;                                 // x[5]: 6, 2, 3, 4, 5

// length
uint x_length=x.length;                 // 返回数组长度
```

动态数组的举例如下：

```
bytes32[] names;                        // 动态数组 默认长度为0
// or
bytes32[] names=new bytes32[](5);       // 初始化一个长度为5的动态数组

// push
uint newLength = names.push("gcc2ge");  // 添加元素，返回新数组的长度
newLength = names.push("shouhewu");

// 修改数组中的元素
names[0]=bytes32("Danielwu");

// Length
names.length;                           // 获取数组长度
names.length = 1;                       // 设置数组长度（只能用于存储在 storage 中的动态数组）
```

8.7.2 多维数组

多维数组可以声明为静态多维数组，也可以声明为动态多维数组。在 solidity 语言中多维数组的行列位置和大多数编程语言是相反的，具体请看下面的示例。

静态多维数组的举例如下：

```
uint[3][5] x;              // solidity 数组的行列位置和大多数编程语言相反，数组 x 是 5 行 3 列
x[0][0]=1;                 // 设置值
```

动态多维数组的举例如下：

```
uint[][5] y;               // 每一行长度为 5 的数组，每个列是一个变长数组
// 拥有动态数组的所有特性
y[0].push(uint(1));        // 添加元素，返回新数组列的长度
y[0].push(uint(2));
y[0].length=10;            // 设置列长度

uint[3][] z;               // 每一列是一个长度为 3 的数组，每一行是一个变长的数组
z.push([1,2,3]);           // 添加元素，返回新数组行的长度
z.length=10;               // 设置行长度
```

8.8 映射 / 字典

映射类型，定义方式为 mapping(_KeyType => _KeyValue)。其中 _KeyType 可以支持绝大多数的数据类型，但不支持 mapping、动态字节数组、合约、枚举、结构体这几个类型，_ValueType 可以是任意类型，包括 mapping。

```
mapping (string => uint) public balances;     // 定义一个映射 `public` 访问修饰符

// 'public' 关键字会自动创建一个 getter 方法 (没有 setter 方法)
function balances(string _account) returns (uint balance) {
    return balances[_account];
}

balances["charles"] = 1;                      // 设置 "charles" 的值为 1
balances["ada"];                              // 返回 0，没有设置值的 key 都返回 0

// 'public' 关键字允许从另一个合约访问 mapping
contractName.balances("charles");             // returns 1


// 嵌套 mappings
mapping (address => mapping (address => uint)) public custodians;

// delete 不会删除元素，只会把元素设置为其类型的初始值，整型会重置为 0
delete balances["John"];
delete balances;                              // 把所有元素的值重置为 0
```

不像其他编程语言，solidity 中并未提供迭代字典（mapping）的方法，你可以自行实现一个数据结构。参见：https://github.com/ethereum/dapp-bin/blob/master/library/iterable_mapping.sol。下面看看文件 iterable_mapping.sol：

```
/// @dev Models a uint -> uint mapping where it is possible to iterate over all keys.
library IterableMapping
{
    struct itmap
    {
        mapping(uint => IndexValue) data;
        KeyFlag[] keys;
        uint size;
    }
    struct IndexValue { uint keyIndex; uint value; }
    struct KeyFlag { uint key; bool deleted; }
    function insert(itmap storage self, uint key, uint value) returns (bool replaced)
    {
        uint keyIndex = self.data[key].keyIndex;
        self.data[key].value = value;
        if (keyIndex > 0)
            return true;
        else
        {
            keyIndex = self.keys.length++;
            self.data[key].keyIndex = keyIndex + 1;
            self.keys[keyIndex].key = key;
            self.size++;
            return false;
        }
    }
    function remove(itmap storage self, uint key) returns (bool success)
    {
        uint keyIndex = self.data[key].keyIndex;
        if (keyIndex == 0)
            return false;
        delete self.data[key];
        self.keys[keyIndex - 1].deleted = true;
        self.size --;
    }
    function contains(itmap storage self, uint key) returns (bool)
    {
        return self.data[key].keyIndex > 0;
    }
    function iterate_start(itmap storage self) returns (uint keyIndex)
    {
        return iterate_next(self, uint(-1));
    }
    function iterate_valid(itmap storage self, uint keyIndex) returns (bool)
    {
```

```
            return keyIndex < self.keys.length;
        }
        function iterate_next(itmap storage self, uint keyIndex) returns (uint r_keyIndex)
        {
            keyIndex++;
            while (keyIndex < self.keys.length && self.keys[keyIndex].deleted)
                keyIndex++;
            return keyIndex;
        }
        function iterate_get(itmap storage self, uint keyIndex) returns (uint key, uint value)
        {
            key = self.keys[keyIndex].key;
            value = self.data[key].value;
        }
    }

    // How to use it:
    contract User
    {
        // Just a struct holding our data.
        IterableMapping.itmap data;
        // Insert something
        function insert(uint k, uint v) returns (uint size)
        {
            // Actually calls itmap_impl.insert, auto-supplying the first parameter for us.
            IterableMapping.insert(data, k, v);
            // We can still access members of the struct - but we should take care
            // not to mess with them.
            return data.size;
        }
        // Computes the sum of all stored data.
        function sum() returns (uint s)
        {
            for (var i = IterableMapping.iterate_start(data); IterableMapping.iterate_valid(data, i); i = IterableMapping.iterate_next(data, i))
            {
                var (key, value) = IterableMapping.iterate_get(data, i);
                s += value;
            }
        }
    }
```

8.9 结构体与枚举

8.9.1 结构体

结构体是 Solidity 中的自定义数据类型，结构体内可以包含字符串、整型等基本数据类型，以及数组、映射、结构体等复杂类型。在 Solidity 中使用关键字 struct 来定义结构体。

```
// 定义一个结构体
struct Bank {
    address owner;
    uint balance;
}

// 初始化结构体

// 方法一：按结构体中命名参数进行初始化
Bank b = Bank({
    owner: msg.sender,
    balance: 5
});

// 方法二：按结构体中定义的顺序初始化
Bank c = Bank(msg.sender, 5);

c.balance = 15;  // 重新赋值

// 重置为初始值，把 struct 中的所有变量的值设置为 0，除了 mapping 类型
delete b;
```

8.9.2 枚举

枚举是 Solidity 中的自定义数据类型，枚举可以显式转为整型，但不能与整型隐式转换，枚举在程序中一般可以当成状态机使用。

```
enum State { Created, Locked, Inactive };       // 枚举一般用作状态机
State public state;                              // 声明枚举 State 变量
state = State.Created;                           // 赋值

// 枚举可以显式转为整型
uint createdState = uint(State.Created);         // 0
```

8.10 全局变量

全局变量可以在 solidity 合约脚本中的任何地方使用。

```
// ** this **
this;                  // 在合约中 this 表示合约地址的引用
// 合约的余额，一般在合约的生命周期要结束的时候，会把合约里的余额发送给合约所有者
this.balance;
// 'this.' 是通过外部方式调用函数，不是通过内部方式调用
this.someFunction();

// ** msg - 发送给合约的消息 **
msg.sender;            // 发送者的地址
```

```
msg.value;                    // 发送给合约的以太币数量，单位为 wei
msg.data;                     // bytes，完整的调用数据 (calldata)
msg.gas;                      // 剩余 gas

// ** tx - 交易 **
tx.origin;                    // 交易发送者的地址
tx.gasprice;                  // 交易的 gas 价格

now;                          // 当前时间 (近似于当前时间)，等同于 block.timestamp (Unix time)

// ** block - 当前区块的信息 **
block.number;                 // 当前区块号
block.difficulty;             // 当前区块的难度
block.blockhash(1);           // returns bytes32，给定区块号的 Hash 值，只支持最近 256 个区块，
                              // 且不包含当前区块
block.gasLimit();             // 当前区块的 gaslimit
block.coinbase;               // 当前区块矿工的地址
block.timestamp;              // 当前区块的时间戳
```

8.11 控制结构

solidity 不支持 switch 和 goto，支持 if、else、while、do、for、break、continue、return、?:。条件判断中的大括号不可省略，但在单行语句中的大括号可以省略。

```
if (1==1) {
    .....
}

// 单行语句大括号可以省略

if (1==1) return 1;
```

要注意的是，这里没有 JavaScript 里的非 boolean 类型到 boolean 类型的自动转换，比如以下代码在 solidity 中是无效的。

```
if(1){
    .....
}
```

使用循环的时候需要注意，每个发给合约的交易都有一个 gaslimit (可消耗的最大 gas 数目)，如果循环语句中使用的 gas 数目大于这个数，代码会执行失败。

> **最佳实践**：在 solidity 中优先使用循环而不是递归 (EVM 虚拟机的最大调用栈的深度是 1024)。

```
// For example:
for(uint x = 0; x < refundAddressList.length; x++) {
    if (!refundAddressList[x].send(SOME_AMOUNT)) {
        throw;
    }
}
```

8.12 函数

在 solidity 中函数也是一种类型，且属于值类型。可以将一个函数赋值给一个函数类型的变量，还可以将一个函数作为参数进行传递，也可以在函数调用中返回一个函数，下面将详细介绍函数的使用方法。

1. 函数定义

关于函数定义的举例如下：

```
// 一个简单的函数
function increment(uint x) returns (uint) {
    x += 1;
    return x;
}
```

2. 函数返回值

关于函数返回值的举例如下：

```
// 函数可以有多个返回值，当指明返回参数变量名字时，可以不需要显式返回
function increment(uint x, uint y) returns (uint a, uint b) {
    a = x+1;
    b = y+1;
}
// or
function increment(uint x, uint y) returns (uint , uint ) {
    return (x+1, y+1);
}

// 调用上一个函数
var (a,b) = increment(1,1);
// or
uint a;
uint b;
(a,b) = increment(1,1);
```

3. 函数作为变量传递

关于函数作为变量传递的举例如下：

```
// 可以把函数赋值给一个变量
```

```
function b() {
    // to do
}

function a() {
    var z = b;
    z();
}
```

4. 常函数

关于常函数的举例如下：

```
uint y;

// 'constant' 表明这个函数不会修改持久化的状态变量
// constant 会在本地执行，不是在区块链上执行
function increment(uint x) constant returns (uint x) {
    x += 1;
    y += 1; // 这条语句会执行失败
    // y 是 storage 状态变量，不能在 constant 函数中被修改
}
```

5. 函数的调用方式

solidity 为函数提供了两种调用方式，即 internal 与 external，默认的调用方式是 internal。

- internal 内部调用采用的是 EVM 跳转调用，所以它能直接使用上下文环境中的数据，这在引用传递时将会变得非常高效（不用拷贝数据）。对合约内的函数、引入的库函数及父类合约中的函数可进行内部调用。

  ```
  pragma solidity ^0.4.08

  contract A {
      function f(){
          // todo
      }

      // 以 internal 的方式调用
      function callInternally(){
          f();
      }
  }
  ```

- external 外部调用采用的是外部交易调用，而不是直接采用 EVM 跳转调用。使用 external 时，必须使用外部的方式调用其他合约的函数。对于一个外部调用，所有函数的参数必须要拷贝到内存中。

```
pragma solidity ^0.4.8;

contract B{
    // 以 external 的方式调用另一个合约中的函数
    function callExternal(A a){
        a.f();
    }
}
```

上面提到的 internal 和 external 指的是函数调用方式,不要与后面的函数可见性声明的 external、public、internal 和 private 弄混了。函数调用方式只意味着这个函数需要使用相对应的调用方式去调用。

6. 函数的可见性

以下访问修饰符可以放在 constant 的位置,Solidity 对函数提供了以下四种可见性 public、private、external 和 internal,在函数中默认可见性是 public。

- public 修饰的函数来可以在合约内部调用,也可以通过交易调用,还可以被其他合约调用。
- private 修饰的函数只能从定义它们合约的内部访问。
- external 修饰的函数可以被其他合约调用,也可以通过交易来调用。一个 external 函数 f 不能在合约内部调用(例如,f() 这种调用方式是不可行的,但是 this.f() 这种调用方式是可行的)。当接收大型数据数组的时候,external 函数有时是更高效的。
- internal 修饰的函数只能够从内部访问(例如,从当前合约内部,或者是子合约的内部),无须使用 this。

函数中 external, public 修饰符解惑如下:

```
pragma solidity^0.4.10;

contract Test {
    function test(uint[20] a) public returns (uint){
        return a[10]*2;
    }

    function test2(uint[20] a) external returns (uint){
        return a[10]*2;
    }
}
```

分别调用上述两个函数,我们发现 public 消耗 496 gas, external 消耗 261 gas。

原因是:在 public 函数中,solidity 会立刻把函数数组参数拷贝到内存中,而 external 函数可以直接从 calldata 中读取数据。内存分配是昂贵的,直接从 calldata 中读取是便宜的。

public 函数之所以要把所有参数拷贝到内存中,是因为 public 函数可能需要被内部调用,而 external 函数只能外部调用,这就是它们之间调用方式的最大不同。

> **最佳实践**:如果你的函数只需要被外部调用(不需要内部调用),你可以使用 external,如果可能需要内部调用那么使用 public。

7. 函数修饰符

Modifier 用于在函数执行前检查某种前置条件是否满足,Modifier 是一种合约属性,可以被继承,同时还可被派生的合约重写(override)。

```
// '_'(下划线)经常放在方法体最后一行,'_' 表示使用修改符的函数的方法体的替换位置
// 判断调用合约的是不是合约所有者
modifier onlyOwner {
    require(msg.sender == owner);
    _;
}

// modifier 可以接受参数
// 校验地址是否为空
modifier notNull(address _address) {
    require(_address !=0 );
    _;
}


// 一个函数可以有多个修饰符,多个修饰符之间用空格或回车分隔,修饰符的生效顺序与定义顺序是一样的
// 修改合约所有者
function changeOwner(address newOwner)
    notNull(newOwner)
    onlyOwner()
{
    owner = newOwner;
}
```

8. 回退函数(fallback function)

每一个合约中都有且仅有一个没有名字的函数。这个函数既无参数也无返回值。

```
pragma solidity ^0.4.10;


contract Test {
    // 回退函数

    function () payable{
        throw; // 执行失败,返回 ether 给发送者
    }
}
```

一般在以下两种情况下会调用回退函数：

1）如果调用合约时，如果没有匹配上任何一个函数，就会调用回退函数。

例子：

```solidity
pragma solidity ^0.4.10;

contract ExecuteFallback{

    //调用回退函数的事件，会把调用的数据打印出来
    event FallbackCalled(bytes data);

    //fallback 函数，注意：没有名字，没有参数，没有返回值
    function(){
        FallbackCalled(msg.data);
    }

    //调用 existFunc 时，会输出交易中附带的数据和传入给 existFunc 的参数
    event ExistFuncCalled(bytes data, uint256 para);


    function existFunc(uint256 para){
        ExistFuncCalled(msg.data, para);
    }


    /*
        调用 existFunc 函数
        输出：
        ExistFuncCalled[
            "0x42a78883000000000000000000000000000000000000000000000000000000000001",
            "1"
        ]
    */
    function callExistFunc(){
        bytes4 funcIdentifier = bytes4(keccak256("existFunc(uint256)"));
        this.call(funcIdentifier, uint256(1));
    }

    /*
        这里调用一个不存在的函数，由于匹配不到函数，将调用回退函数
        输出：
        FallbackCalled[
            "0x69774a91"
        ]
    */
    function callNonExistFunc(){
        bytes4 funcIdentifier = bytes4(keccak256("functionNotExist()"));
        this.call(funcIdentifier);
    }
}
```

2）给合约发送 ether 时（交易中没有附带任何其他数据），也会调用回退函数。

例子：当我们使用 address.send(ether to send) 向某个合约直接转账时，由于这个行为没有发送任何数据，所以接收合约总是会调用 fallback 函数。

```
pragma solidity ^0.4.10;

contract SendFallback{

    // fallback 函数及其事件
    event FallbackTrigged(bytes data);
    function() payable{fallbackTrigged(msg.data);}

    // 在测试前先调用这个函数向合约中存入一些以太币
    function deposit() payable{
    }

    // 返回当前合约的余额
    function getBalance() constant returns(uint){
        return this.balance;
    }

    event SendEvent(address to, uint value, bool result);

    /**
    当我们调用 sendEther 方法时出发了两个事件
一个是 'FallbackTrigged' 的 Fallback 事件，另一个是转账成功的 'SendEvent' 事件
输出：
            FallbackTrigged[
                "0x"
            ]
            SendEvent[
                "0xc2e77121daf0270d26bf0a7e9ab0faa8bf739ef",
                "1",
                "true"
            ]
    */
    function sendEther(){
        // 给当前合约发送 1 个以太币，合约的余额不会变化
            bool result = this.send(1);
            SendEvent(this, 1, result);
    }
}
```

给合约发送 ether 时，有两点需要注意：
- 一个没有定义回退函数的合约，如果接收 ether，会触发异常，并返还 ether（solidity v0.4.0 开始）。所以合约要接收 ether，必须实现回退函数。
- 如果回退函数需要接受 ether（以太币），那么必须要有 payable 修饰符，如果没有 payable 修饰符，那么将不能通过交易接受 ether。

例子：

```
pragma solidity ^0.4.10;

// 这个合约会持有所有发送给它的以太币，并且无法赎回
contract Sink {
    function() payable { }
}
```

> **注意** send() 函数总是会调用 fallback，如果我们在分红时对一系列账户进行 send() 操作，且其中某个恶意账户中的 fallback 函数实现了一个无限循环，则将会把我们的 gas 耗尽，导致所有 send() 失败。因此在 solidity 中 send() 函数只附带 2300gas，故而 fallback 函数内除了可以进行日志操作外，你几乎不能做任何其他操作。

下述行为消耗的 gas 都将超过 fallback 函数限定的 gas 值（2300gas）：

- 向区块链中写数据。
- 创建一个合约。
- 调用一个 external 的函数。
- 发送 ether。

所以一般我们只能在 fallback 函数中进行一些日志操作：

```
pragma solidity ^0.4.10;

contract FallbackFailOnGasLimit{
    uint someStorage;

    event FallbackTrigged(bytes);
    function() payable{
        FallbackTrigged(msg.data);
        // 加入这个语句会执行失败，注释掉会执行成功
        // someStorage = 1;
    }

    function callFallback() returns (bool){
        return this.send(0);
    }
}
```

9. 自毁函数

在某些情况下，你需要终止你的智能合约。Solidity 有一个 function，其以前叫 suicide()，现在叫 selfdestruct()，使用方法如下：

```
// 摧毁当前的合约，并将该合约的以太币转移到给定的地址
```

```
selfdestruct(SOME_ADDRESS);
```

例子：

```
// 从当前区块和当前区块之后的区块中移除 storage/code
// 但当前区块之前的数据存储在区块链中

function kill() {
    if(msg.sender == creator) {          // 只有合约创建者才能做此操作
        selfdestruct(creator);            // 摧毁合约，并返回以太币
    }
}
```

在什么情况下需要摧毁合约？当你发现合约有问题，不想让大家继续使用其功能时，你就可以摧毁这个合约了。

 当合约被 selfdestruct() 后，如果再有人发送以太币到这个合约地址，那么这些以太币再也不能赎回了，会就此消失。

10. 其他内置函数

1）加密函数

与加密函数相关内容如下：

```
// 所有传入的多个字符串都会先连接再进行 Hash
keccak256(...) returns (bytes32); // 使用以太坊的 (keccak-256) 计算 Hash, 返回 bytes32
// 例子:
keccak256("ab","cd");

sha3(...) returns (bytes32);      // 等同于 keccak256, 返回 bytes32
// 例子:
sha3("ab", "cd");

ripemd160(...) returns (bytes20); // 使用 ripemd-160 计算 Hash 值, 返回 bytes20
// 例子:
ripemd160("abc");

sha256(...) returns (bytes32);    // 使用 sha-256 计算 Hash 值, 返回 bytes32
// 例子:
sha256("def");

// 从椭圆曲线签名中恢复与公钥相关的地址, 或者在错误时返回零
ecrecover(bytes32, byte, bytes32, bytes32) returns (address);
```

2）数学相关函数

与数学相关函数的内容如下：

```
addmod(uint x, uint y, uint k) returns (uint) //计算(x + y)%k
//例子:
addmod(1, 2, 2) ;

mulmod(uint x, uint y, uint k) returns (uint) //计算(x * y)%k
//例子:
mulmod(2, 2, 2)
```

8.13 事件

事件和日志在以太坊中异常重要,它是合约与外部实体之间的沟通桥梁。事件可以用来通知外部实体,外部实体通过轻客户端可以很方便地查询、访问事件。

在真实的环境中,我们需要发送交易(Transaction)来调用某个智能合约。这时我们将无法立即获得智能合约的返回值,因为该交易当前只是被发送,离被打包、执行还有一段时间。此时调用的返回值只是该交易的 txid 或称为 tx hash 值。

例如:我们需要发送交易(Transaction)来调用某个智能合约,此时返回值只是该交易的 Hash 值,在以太坊中,当交易打包后,某个事件才真正发生,合约将这个事件写入区块链后,前端才能进行对应的响应。

```
//一般事件定义在合约状态变量后面

//在事件名前面加上 Log,以免和函数搞混

//定义事件
event LogSent(address indexed from, address indexed to, uint amount);
//注意第一个字母要大写
```

接下来用一个例子来介绍如何在外部通过事件来了解合约内部运行情况。

文件 Coin.sol:

```
pragma solidity ^0.4.10;

contract Coin {

    address public minter;
    mapping (address => uint) public balances;

    //我们定义的事件
    event LogSent(address from, address to, uint amount);


    function Coin() {
        minter = msg.sender;
    }
```

```solidity
    function mint(address receiver, uint amount) {
        if (msg.sender != minter) return;
        balances[receiver] += amount;
    }

    function send(address receiver, uint amount) {
        if (balances[msg.sender] < amount) return;
        balances[msg.sender] -= amount;
        balances[receiver] += amount;
        LogSent(msg.sender, receiver, amount);
    }
}
```

在外部监听合约事件。

文件 Coin.js：

```javascript
var Web3 = require("web3");

var web3=new Web3();
web3.setProvider(new web3.providers.HttpProvider("http://localhost:8545"));

    var coinContract = web3.eth.contract([{"constant":true,"inputs":[],"name":"minter","outputs":[{"name":"","type":"address"}],"payable":false,"type":"function"},{"constant":true,"inputs":[{"name":"","type":"address"}],"name":"balances","outputs":[{"name":"","type":"uint256"}],"payable":false,"type":"function"},{"constant":false,"inputs":[{"name":"receiver","type":"address"},{"name":"amount","type":"uint256"}],"name":"mint","outputs":[],"payable":false,"type":"function"},{"constant":false,"inputs":[{"name":"receiver","type":"address"},{"name":"amount","type":"uint256"}],"name":"send","outputs":[],"payable":false,"type":"function"},{"inputs":[],"payable":false,"type":"constructor"},{"anonymous":false,"inputs":[{"indexed":false,"name":"from","type":"address"},{"indexed":false,"name":"to","type":"address"},{"indexed":false,"name":"amount","type":"uint256"}],"name":"LogSent","type":"event"}]);


    var Coin = coinContract.at("0xa94b7f0465e98609391c623d0560c5720a3f2d33");


    // web3.eth.accounts[0] 0x90f8bf6a479f320ead074411a4b0e7944ea8c9c1
    // web3.eth.accounts[1] 0xffcf8fdee72ac11b5c542428b35eef5769c409f0

    // mint
    var balance=Coin.balances.call(web3.eth.accounts[0]);
    balance= web3.toBigNumber(balance);
    var zero=web3.toBigNumber(0);
    if(balance.comparedTo(zero)<=0){
        var mintTxHash=Coin.mint.sendTransaction("0x90f8bf6a479f320ead074411a4b0e7944ea8c9c1",100, {from: web3.eth.accounts[0]});
    }
```

```javascript
// send
var sendTxHash=Coin.send.sendTransaction("0xffcf8fdee72ac11b5c542428b35eef5769c409f0",50, {from: web3.eth.accounts[0]});


// 监听 LogSend 事件
/*
输出:

Coin transfer: 50 coins were sent from 0x90f8bf6a479f320ead074411a4b0e7944ea8c9c1 to 0xffcf8fdee72ac11b5c542428b35eef5769c409f0.
Balances now:
Sender: 50 Receiver: 50
*/
var coinWatcher=Coin.LogSent( {"transactionHash": sendTxHash});
coinWatcher.watch(function(error, result) {
    if (!error) {
        console.log("Coin transfer: " + result.args.amount +
            " coins were sent from " + result.args.from +
            " to " + result.args.to + ".");
        console.log("Balances now:\n" +
            "Sender: " + Coin.balances.call(result.args.from) +" "+
            "Receiver: " + Coin.balances.call(result.args.to));
    }
    coinWatcher.stopWatching();
});
```

8.14 合约

可以通过 new 关键字来创建一个新合约，在合约中也可以调用另一个合约的方法。

```
contract infoFeed {
    function info() returns (uint ret) { return 42; }
}

contract Consumer {
    InfoFeed feed;                    // 指向一个在区块链中已部署的 InfoFeed 合约

    // 传入 InfoFeed 合约部署在区块链中的地址
    function setFeed(address addr) {

        // 显式进行类型转换，注意: 不会调用 InfoFeed 的构造函数
        feed = InfoFeed(addr);
    }

    // 创建 InfoFeed 合约实例
    function createNewFeed() {
        feed = new InfoFeed();    // 创建新的实例，同时会调用构造函数
```

```
    }
    function callFeed() {
        // 调用 InfoFeed 合约，同时可以自定义传入一些以太币数量和 gas 数量
        feed.info.value(10).gas(800)();
    }
}
```

8.15 继承

solidity 合约中的继承通过 is 关键字实现，当派生合约从父合约中继承时，在区块链上仅创建一个合约，并将所有基础合约中的代码复制到派生合约中。

```
contract A{
    function testA(){
        //....
    }
}

// 合约 B 继承合约 A
contract B is A {
    function testB(){
        //....
    }
}
```

在派生类中初始化基类构造函数，有两种方法可以现实：
- 直接在派生类的继承列表中初始化基类构造函数。
- 在派生合约的构造函数后面初始化基类的构造函数，表现方法有点像修饰符。

如果基类的构造函数的参数是一个常量，那么使用第一种方法。如果基类的构造函数的参数取决于派生合约的参数，则必须使用第二种方法。如果在合约中同时使用了以上两种方法，那么第二种方法是优先的。

```
pragma solidity ^0.4.10;

contract Base {
    uint x;
    function Base(uint _x) { x = _x; }
}

// 直接在派生类的继承列表中初始化基类构造函数

contract Derived is Base(7) {
    function Derived(uint _y)   {
    }
```

```
}
contract Derived_1 is Base{
    //在派生合约的构造函数后面初始化基类的构造函数
    function Derived_1(uint _y) Base(_y * _y) {
    }
}

// 在合约中同时使用了两种初始化基类的方法，这种初始化方法是优先的
contract Derived_3 is Base(7){

    function Derived_3(uint _y) Base(_y * _y) {
    }
}
```

solidity 中的合约支持多重继承，如果出现函数方法重写，依据最远继承的原则（most derived），在派生合约继承列表上，最后继承的合约可以部分覆盖之前继承的合约中的方法。

```
pragma solidity ^0.4.10;

contract Base1{
    function data() returns(uint){
        return 1;
    }
}

contract Base2{
    function data() returns(uint){
        return 2;
    }
}

// Base2 会覆盖 Base1 的 data 方法，所以在 MostDerived1 中调用的 data 方法是 Base2 的
// 输出: 2
contract MostDerived1 is Base1, Base2{
    function call() returns(uint){
        return data();    // return 2
    }
}

// Base1 会覆盖 Base2 的 data 方法，所以在 MostDerived1 中调用的 data 方法是 Base1 的
// 输出: 1
contract MostDerived2 is Base2, Base1{
    function call() returns(uint){
        return data();    // return 1
    }
}
```

在子合约中主动调用被父合约覆盖的方法：

```
pragma solidity ^0.4.10;

contract Base1{
    function data() returns(uint){
        return 1;
    }
}

contract Base2{
    function data() returns(uint){
        return 2;
    }
}

// 主动调用被覆盖的 Base1 合约的 data 方法
// 输出: 1
contract MostDerived1 is Base1, Base2{
    function call() returns(uint){
        return Base1.data();     // return 1
    }
}

// 主动调用被覆盖的 Base2 合约的 data 方法
// 输出: 2
contract MostDerived2 is Base2, Base1{
    function call() returns(uint){
        return Base2.data();     // return 2
    }
}
```

8.16 抽象合约

抽象合约中的有部分函数没有函数体，只有函数定义。抽象合约无法编译，但可以作为基合约被继承。如果一个合约继承了抽象合约，但却没实现所有函数，那么它也是一个抽象合约。

```
pragma solidity ^0.4.10;

contract AbstractContract {
    // 抽象方法
    function someAbstractFunction(uint x);

    function test() constant {
        //....
    }

}
```

8.17 接口

接口是在 Solidity 0.4.11 版本后引入的，接口内的所有函数都是抽象函数，接口有如下几个限制：
- 不能继承其他合约或接口。
- 不能定义构造函数。
- 不能定义变量。
- 不能定义结构体类型。
- 不能定义枚举类型。

```
pragma solidity ^0.4.10;
interface Token {
    function transfer(address recipient, uint amount);
}
```

8.18 库

库是一种不同类型的合约，没有存储，不拥有以太币。库中的代码可以被其他合约调用，而不需要重新部署，这样可以节省大量的 gas。多个合约依赖于确切的代码段，可以为更安全的环境创造条件。库中没有可支付（payable）的函数，没有 fallback 函数。库的调用通过 DELEGATECALL 实现，即不切换上下文。

```
pragma solidity ^0.4.10;

library C {
    function a()  returns (address) {
        return this;
    }
}
contract A {
    function test()  returns (address) {
        return C.a();//返回的是合约 A 的地址
    }
}
```

8.19 Using for

using for 的声明方式为：using lib for type。例如：using A for B，将库 A 中定义的所有函数附着到任意类型 B 上，库 A 中的函数将会默认接收类型 B 实例作为第一个参数，即类型 B 的实例可以直接使用库 A 中的方法，具体使用方法请看下面的例子。

```solidity
pragma solidity ^0.4.10;

library CounterLib {
    struct Counter { uint i; }

    function incremented(Counter storage self) returns (uint) {
        return ++self.i;
    }
}

contract CounterContract {
    using CounterLib for CounterLib.Counter;
    CounterLib.Counter counter;
    function increment() returns (uint) {
        return counter.incremented();// incremented 函数的第一参数是 counter 实例
    }
}
```

8.20　引入其他源文件

在 solidity 中可以通过 import 关键字引入外部的合约脚本文件。

```solidity
// 全局引入
import "filename";
import "github.com/ethereum/dapp-bin/library/iterable_mapping.sol";
```

8.21　状态变量 / 局部变量

在 solidity 合约中，合约中定义的变量是状态变量，函数中的参数、函数内声明的变量都属于局部变量。

```solidity
pragma solidity ^0.4.10;

contract Storage {
    // 状态变量
    uint256 storedData;

    // data 参数为局部变量
    function set(uint256 data) {
        storedData = data;
    }
    function get() constant returns (uint256) {
        return storedData;
    }
}
```

solidity 中为状态变量提供了以下三种可见性，状态变量默认可见性是 internal：
- public：对于 public 类型的状态变量（state variables），会自动创建一个访问器。
- private：对于 private 类型的状态变量（state variables）仅在从定义合约中可以访问，在继承的合约内不可访问。
- internal：对于 internal 类型的状态变量（state variables）只能够从内部访问（例如，从当前合约内部或者是子合约的内部），无须使用 this。

8.22 数据位置

8.22.1 数据位置概述

数据位置即变量的存储位置属性，有三种类型：
- memory：memory 存储位置修饰的变量的数据存储在内存中。
- storage：storage 存储位置修饰的变量的数据将永远存储在区块链上。
- calldata：calldata 数据位置比较特殊，一般只有外部函数（external）的参数被强制指定为 calldata，这种数据位置是只读的，不会持久化到区块链。

一般我们可以指定的数据存储位置有 memory 和 storage。

函数的参数，函数的返回值的默认数据位置是 memory，函数局部变量的默认数据位置是 storage。状态变量的默认数据位置是 storage。

8.22.2 数据位置之间相互转换

1. storage 转换为 storage

当我们把一个 storage 类型的变量赋值给另一个 storage 类型的变量时，我们只是修改了它的指针。

```
pragma solidity ^0.4.10;

contract C {
    uint[5] x=[1,2,3,4,5];         //状态变量默认的数据存储位置是 storage

    function f() {

        var y = x;                 // x的指针赋值给y，y是局部变量，它的数据存储位置是 storage

        //这是非法操作，这个操作会重置指针，但没有合适的位置分配给 y 引用
        //delete y;

        g(x);                      //调用 g 函数，把 x 的指针传递给参数
```

```
    }
    function g(uint[5] storage storageArray) internal {}
}
```

2. storage 转换为 memory

将 storage 转换为 memory，会将数据从 storage 拷贝到 memory 中。

```
pragma solidity ^0.4.10;

contract C {
    uint[5] x=[1,2,3,4,5];          // 状态变量默认的数据存储位置是 storage

    function f() {

        h(x);                        // 调用 h 函数，会在内存中创建一个独立的临时拷贝
    }

    function h(uint[5] memoryArray) {}
}
```

3. memory 转 storage

因为局部变量和状态变量的类型都可能是 storage，所以我们要分两种情况说。

1）memory 赋值给状态变量

将一个 memory 类型的变量赋值给一个状态变量时，实际是将内存变量拷贝到存储中。

```
pragma solidity ^0.4.10;

contract C {
    uint[] x;                        // 状态变量默认的数据存储位置是 storage

    // 函数参数的数据默认存储位置是 memory
    function f(uint[] memoryArray) returns(uint[],uint[]){
        x = memoryArray;             // 拷贝整个数组到 storage
        x[0]=2;                      // 修改 x 数组中的值，不会影响到 memoryArray
        return (x,memoryArray);
    }
    /**
        初始化 memoryArray [1,2,3]
        输出：
            Transaction cost: 110687 gas.
            Execution cost: 88455 gas.
            Decoded:
            1. uint256[]: 2, 2, 3
            2. uint256[]: 1, 2, 3

    */
}
```

2）memory 赋值给局部变量

在区块链中 storage 必须是静态分配存储空间的。局部变量虽然是一个 storage 的，但它仅仅是一个 storage 类型的指针。如果进行 memory 赋值给局部变量，实际会产生一个错误。

```
pragma solidity ^0.4.10;

contract C {

    // 函数参数的默认数据存储位置是 memory
    function f(uint[] memoryArray) {
        // 默认的局部变量是 storage 的指针

        // 这是非法操作
        // uint[]  y = memoryArray;

        // 修改变量为 memory 类型
        uint[] memory y = memoryArray;

    }
}
```

4. memory 转换为 memory

memory 之间是引用传递，并不会拷贝数据。

```
pragma solidity ^0.4.10;

contract C {
    uint[5] x=[1,2,3,4,5];                    // 状态变量默认的数据存储位置是 storage

    function f() {
        uint[5] memory memoryArray=x;         // 拷贝 x 数据到 memoryArray

        // memory to memory
        h(memoryArray);                        // memory 之间转，会传递指针，不会拷贝数据
    }

    // 函数参数的默认数据存储位置是 memory
    function h(uint[5] memoryArray) {}
}
```

8.23 异常处理

自 solidity 0.4.10 版本后，我们有了新的异常处理方式，除了 throw，还新增了 revert()、require()、assert()。

1. throw
如果发生异常，消耗交易发送的所有 gas，没有异常信息，回滚所有状态。

2. revert()
终止执行，消耗交易发送的所有 gas，回滚所有状态。

3. require(bool condition)
如果发生异常，返回剩余未使用的 gas，回滚所有已修改的状态。

使用场景：
- 校验用户输入。
- 校验外部合约的返回值 require(external.send(amount));。
- 校验一个语句的前置执行条件，例如：

```
modifier onlyOwner {
    require(msg.sender == owner);
    _;
}
```

一般来说，在能使用 require 的情况下尽量使用 require，尤其在函数开始处。

4. assert(bool condition)
如果发生异常，返回剩余未使用的 gas，回滚所有已修改状态。

使用场景：
- 校验溢出。
- 对修改后的变量值做合法性检查。

异常发生时回滚规则如下：
- 如果合约 C 调用 D.foo()，foo 函数抛出了异常，那么整个交易都会被回滚。
- 如果合约 C 使用 solidity lower-level 调用，比如 D.call(bytes4(sha3('foo()')))，foo 函数抛出一个异常，那么只有 foo 及其子调用的状态会被回滚，因为像 call 这个 raw call 不会向上传播异常，只会返回一个 boolean。

8.24 编写安全 solidity 智能合约最佳实践

8.24.1 尽早抛出异常

在前期应尽早抛出异常，不要让异常继续向后传播，目的是尽早暴露错误，这是一种既简单又实用的方法。

```
contract GoodFailEarly {
```

```
    mapping(string => uint) nameToSalary;

    function getSalary(string name) constant returns (uint) {
    //尽早抛出异常
        if (bytes(name).length == 0) throw;
        if (nameToSalary[name] == 0) throw;

        return nameToSalary[name];
    }
}
```

8.24.2 结构化函数代码顺序

作为尽早抛出异常设计原则的一个延伸，在函数中应该以下面的顺序组织代码：

1）检查所有的前置条件。

2）修改合约状态。

3）和其他合约交互。

```
function auctionEnd() {
    //1. 检查所有的前置条件
    if (now <= auctionStart + biddingTime)
        throw;
    if (ended)
        throw;

    //2. 修改合约状态
    ended = true;
    AuctionEnded(highestBidder, highestBid);

    //3. 和其他合约交互
    if (!beneficiary.send(highestBid))
        throw;
    }
}
```

8.24.3 在支付时使用 pull 模式而不是 push 模式

当我们给一个地址发送 ether 的时候，有可能会触发一些代码执行，比如给一个合约地址发送 ether 会触发回退函数执行。外部合约的回退函数中可能会执行失败，也可能有恶意代码，所以我们不能以 push 的方法调用外部合约的回退函数。

```
/**
    这是一个竞标合约
    出价最高的人的地址会保存在 highestBidder 变量中
    之后再有出价更高的人，那么会将之前竞标成功者的钱退回（这里是使用了push支付模式）
    退款成功后更改新的竞标成功者的地址信息
*/
```

```
// 有问题的代码，请不要直接使用
contract BadPushPayments {
    address highestBidder;
    uint highestBid;

    function bid() {
        if (msg.value < highestBid) throw;
        if (highestBidder != 0) {

            /**
                如果当前竞标成功者的回退函数中有恶意代码：
                function() payable{
                    throw;
                }
                那么send函数会一直返回false，从而导致无法更换新的竞标者的信息，这意味着攻击者可能以很少的代价竞标成功
            */

            if (!highestBidder.send(highestBid)) {
                throw;
            }
        }

        // 更换竞标者信息
        highestBidder = msg.sender;
        highestBid = msg.value;
    }
}
```

最简单的解决方案是：将支付分离到另一个函数中，让用户以 pull 模式取回货币。

```
contract GoodPullPayments {
    address highestBidder;
    uint highestBid;

    // 存储每个待退款的竞标者的信息
    mapping(address => uint) refunds;

    function bid() external {
        if (msg.value < highestBid) throw;

        if (highestBidder != 0) {
            // 记录竞标者的投标金额
            refunds[highestBidder] += highestBid;
        }

        // 更换竞标者信息
        highestBidder = msg.sender;
        highestBid = msg.value;
    }
```

```
// 退款函数，由用户主动调用 (pull)，而不是像上面的例子，由合约主动推送 (push)
// 这样即使失败了也不会影响合约，因为更换竞标者的逻辑分离到 bid() 函数中了
function withdrawBid() external {
    uint refund = refunds[msg.sender];
    refunds[msg.sender] = 0;
    if (!msg.sender.send(refund)) {
        refunds[msg.sender] = refund;
    }
}
```

8.24.4 整数上溢和下溢

先来看一个例子：

```
pragma solidity ^0.4.10;

/**
这是一个测试整数类型上溢和下溢的例子
*/
contract Test{

    // 整数上溢
    // 如果 uint8 类型的变量达到了它的最大值 (255)，如果再加上一个大于 0 的值便会变成 0
    function test() returns(uint8){
        uint8 a = 255;
        uint8 b = 1;

        return a+b;      // return 0
    }

    // 整数下溢
    // 如果 uint8 类型的变量达到了它的最小值 (0)，如果再减去一个大于 0 的值便会变成
    // 255(uint8 类型的最大值)
    function test_1() returns(uint8){
        uint8 a = 0;
        uint8 b = 1;

        return a-b;      // return 255
    }
}
```

有了上面的理论基础，我们再看一个转账的例子，看在我们的合约中应该如何避免不安全的代码出现：

```
// 存储用户余额信息
mapping (address => uint256) public balanceOf;

// 不安全的代码
// 函数功能：转账，这里没有做整数溢出检查
```

```
function transfer(address _to, uint256 _value) {
    /* 检查发送者是否有足够的余额 */
    if (balanceOf[msg.sender] < _value)
        throw;
    /*  修改发送者和接受者的余额  */
    balanceOf[msg.sender] -= _value;
    balanceOf[_to] += _value;
}

// 安全代码
function transfer(address _to, uint256 _value) {
    /* 检查发送者是否有足够的余额，同时做溢出检查: balanceOf[_to] + _value < balanceOf[_to] */
    if (balanceOf[msg.sender] < _value || balanceOf[_to] + _value < balanceOf[_to])
        throw;

    /*  修改发送者和接受者的余额  */
    balanceOf[msg.sender] -= _value;
    balanceOf[_to] += _value;
}
```

我们在做整数运算的时候要时刻注意上溢、下溢检查，尤其是较小数值的类型，比如 uint8、uint16、uint24，因为它们更加容易达到最大值或最小值。

8.25 本章小结

本章主要介绍了 Solidity 的语法，通过对本章的学习大家已经具备了开发一个智能合约的基础知识，在下一个章中将讲解如果编译、部署一个智能合约。

第 9 章
Solidity 合约编译、部署

本章将讲解如何在控制台中编译、部署 Solidity 智能合约。智能合约部署流程如下：

1）使用 solc 编译智能合约。
2）启动一个以太坊节点（geth 或 testrpc）。
3）将编译好的合约发布到以太坊的网络上。
4）用 web3.js api 调用部署好的合约。

以下是我们即将编译、部署的智能合约：文件名为 Storage.sol，路径为 /home/geth/solc。

```
pragma solidity ^0.4.10;

contract Storage {
    uint256 storedData;
    function set(uint256 data) {
        storedData = data;
    }
    function get() constant returns (uint256) {
        return storedData;
    }
}
```

9.1 编译合约

9.1.1 安装 solc 编译工具

如果你之前没有安装过 solc，那么请执行以下命令。

在 Ubuntu 下安装 solc：

```
$ sudo apt-get install -y software-properties-common
$ sudo add-apt-repository -y ppa:ethereum/ethereum
$ sudo apt-get update
$ sudo apt-get install -y solc
```

在 MacOS 下安装 solc：

```
$ brew update
$ brew upgrade
$ brew tap ethereum/ethereum
$ brew install solidity
```

安装完成后，用如下命令查看 solc 是否安装好：

```
$ solc --version

solc, the solidity compiler commandline interface
Version: 0.4.17+commit.bdeb9e52.Linux.g++
```

9.1.2 开始编译合约

进入控制台中，执行以下命令：

```
$ echo "var storageOutput=`solc --optimize --combined-json abi,bin,interface Storage.sol`" > storage.js

$ cat storage.js

var storageOutput={"contracts":{"Storage.sol:Storage":{"abi":"[{\"constant\":false,\"inputs\":[{\"name\":\"data\",\"type\":\"uint256\"}],\"name\":\"set\",\"outputs\":[],\"payable\":false,\"stateMutability\":\"nonpayable\",\"type\":\"function\"},{\"constant\":true,\"inputs\":[],\"name\":\"get\",\"outputs\":[{\"name\":\"\",\"type\":\"uint256\"}],\"payable\":false,\"stateMutability\":\"view\",\"type\":\"function\"}]","bin":"6060604052341561000f57600080fd5b60b38061001d6000396000f300606-060405263ffffffff7c010000000000000000000000000000000000000000000000000000000060003504166360fe47b1811460455780636d4ce63c14605a57600080fd5b3415604f57600080fd5b6058600435607c565b005b3415606457600080fd5b606a6081565b60405190815260200160405180910390f35b600055565b600054905600a165627a7a7230582000cc92bbdb09f29d79732762e3a8cf504c182abccc9be81415069269f6c643ae0029"}},"version":"0.4.17+commit.bdeb9e52.Linux.g++"}
```

使用 solc 命令编译 Storage.sol 合约，把输出的结果赋值给 storageOutput 变量，同时输出到 storage.js 文件中，输出的内容主要有两部分组成：

1）ABI：Application Binary Interface 的缩写，字面意思为"应用二进制接口"，可以通俗地理解为合约的接口说明。当合约被编译后，那么它的 abi 也就确定了。

以下是 Storage.sol 的 ABI：

```
[
    {
        "constant": false,
        "inputs": [
            {
                "name": "data",
                "type": "uint256"
            }
        ],
        "name": "set",
        "outputs": [ ],
        "payable": false,
        "stateMutability": "nonpayable",
        "type": "function"
    },
    {
        "constant": true,
        "inputs": [ ],
        "name": "get",
        "outputs": [
            {
                "name": "",
                "type": "uint256"
            }
        ],
        "payable": false,
        "stateMutability": "view",
        "type": "function"
    }
]
```

可以看到，Storage.sol 合约的 ABI 解析之后是一个数组，它包含两个对象，每个对象都对应着一个合约方法，所以这个合约实际包含两个方法，解析之后的 json 应该不难看懂。下面对几个关键字进行解释：

- type：方法类型，包括 function、constructor、fallback，默认为 function。
- name：方法名。
- inputs：方法参数，它是一个对应数组，数组里的每个对象都是一个参数说明。
  - name：参数名。
  - type：参数类型。
- outputs：outputs 是一个数组，数组内的参数含义可以参考上面的 inputs，这两个数组的格式是一样的。
- constant：布尔值，如果为 true 指明方法，则不会修改合约的状态变量。
- payable：布尔值，标明方法是否可以接收 ether。

2）bin：合约被编译后的二进制内容。

9.2 部署合约

9.2.1 启动以太坊 geth 节点

启动之前我们搭建好的私有链如下：

```
$ geth --datadir "./db" --rpc --rpcaddr=0.0.0.0 --rpccorsdomain "*"
--nodiscover --maxpeers 30 --networkid 1981 --rpcapi "eth,net,web3,personal,admin,
shh,txpool,debug,miner" --mine --minerthreads 1 --etherbase "0xeb680f30715f347d4eb
5cd03ac5eced297ac5046" console

    INFO [10-17|10:39:14] Starting peer-to-peer node               instance=Geth/
v1.7.2-stable-1db4ecdc/linux-amd64/go1.9
    INFO [10-17|10:39:14] Allocated cache and file handles         database=/home/
geth/ethereum_script/db/geth/chaindata cache=128 handles=1024
    INFO [10-17|10:39:14] Initialised chain configuration
config="{ChainID: 15 Homestead: 0 DAO: <nil> DAOSupport: false EIP150: <nil>
EIP155: 0 EIP158: 0 Byzantium: <nil> Engine: unknown}"
    INFO [10-17|10:39:14] Disk storage enabled for ethash caches   dir=/home/geth/
ethereum_script/db/geth/ethash count=3
    INFO [10-17|10:39:14] Disk storage enabled for ethash DAGs     dir=/home/
shouhewu/.ethash                         count=2
    INFO [10-17|10:39:14] Initialising Ethereum protocol           versions="[63
62]" network=1981
    INFO [10-17|10:39:14] Loaded most recent local header          number=0
hash=aab8e5…a54b28 td=1
    INFO [10-17|10:39:14] Loaded most recent local full block      number=0
hash=aab8e5…a54b28 td=1
    INFO [10-17|10:39:14] Loaded most recent local fast block      number=0
hash=aab8e5…a54b28 td=1
    WARN [10-17|10:39:14] Failed to journal local transaction      err="no active
journal"
    INFO [10-17|10:39:14] Loaded local transaction journal         transactions=
1 dropped=0
    INFO [10-17|10:39:14] Regenerated local transaction journal    transactions=
1 accounts=1
    INFO [10-17|10:39:14] Starting P2P networking
    INFO [10-17|10:39:14] RLPx listener up                         self="enode://ac
bbbd7d4554cd00f62ad05c727d53eeaaa6c5671eddf8678e9472846d4d8bb52c8daef770e038b6a5f6
a2937a22624d29c50f1fc759919be824fffa11ff8235@[::]:30303?discport=0"
    INFO [10-17|10:39:14] IPC endpoint opened: /home/geth/ethereum_script/db/geth.ipc
    INFO [10-17|10:39:14] HTTP endpoint opened: http://0.0.0.0:8545
    INFO [10-17|10:39:14] Transaction pool price threshold updated
price=18000000000
    INFO [10-17|10:39:14] Starting mining operation
    INFO [10-17|10:39:14] Commit new mining work                   number=1 txs=
1 uncles=0 elapsed=1.039ms
Welcome to the Geth JavaScript console!

instance: Geth/v1.7.2-stable-1db4ecdc/linux-amd64/go1.9
```

```
coinbase: 0xeb680f30715f347d4eb5cd03ac5eced297ac5046
at block: 0 (Thu, 01 Jan 1970 08:00:00 CST)
    datadir: /home/geth/ethereum_script/db
    modules: admin:1.0 debug:1.0 eth:1.0 miner:1.0 net:1.0 personal:1.0 rpc:1.0
txpool:1.0 web3:1.0

>
```

如果之前已经启动好了 geth 节点，那么可以通过 attach 命令进入 geth 控制台中：

```
$ geth --datadir './db' attach ipc:./db/geth.ipc
Welcome to the Geth JavaScript console!

instance: Geth/v1.7.2-stable-1db4ecdc/linux-amd64/go1.9
coinbase: 0xeb680f30715f347d4eb5cd03ac5eced297ac5046
at block: 32 (Tue, 17 Oct 2017 10:41:05 CST)
    datadir: /home/geth/ethereum_script/db
    modules: admin:1.0 debug:1.0 eth:1.0 miner:1.0 net:1.0 personal:1.0 rpc:1.0
txpool:1.0 web3:1.0

>
```

加载之前生成的 storage.js 文件如下，这样就可以在接下来的步骤中使用编译好的合约。

```
> loadScript('/home/geth/solc/storage.js')
true
> storageOutput
{
    contracts: {
        Storage.sol:Storage: {
            abi: "[{\"constant\":false,\"inputs\":[{\"name\":\"data\",\"type\":\"uint256\"}],\"name\":\"set\",\"outputs\":[],\"payable\":false,\"stateMutability\":\"nonpayable\",\"type\":\"function\"},{\"constant\":true,\"inputs\":[],\"name\":\"get\",\"outputs\":[{\"name\":\"\",\"type\":\"uint256\"}],\"payable\":false,\"stateMutability\":\"view\",\"type\":\"function\"}]",
            bin: "6060604052341561000f57600080fd5b60b38061001d6000396000f300606060405263ffffffff7c010000000000000000000000000000000000000000000000000000000600035-04166360fe47b1811460455780636d4ce63c14605a57600080fd5b3415604f57600080fd5b60586004
35607c565b005b3415606457600080fd5b606a6081565b60405190815260200160405180910390f35b600055565b60005490565b600a165627a7a7230582000cc92bbdb09f29d79732762e3a8cf504c182abccc
9be81415069269f6c643ae0029"
        }
    },
    version: "0.4.17+commit.bdeb9e52.Linux.g++"
}
```

在 storageOutput 对象中存储了一个 map 对象；在 storageOutput.contracts['Storage.sol:Storage'] 中有两个 key，分别定义了合约的 ABI 和编译后的二进制代码。接下来我们分别获取这两个对象并分别赋值给两个变量。我们将使用 ABI、bin 来部署和调用智能合约。

```
> var storageContractAbi = storageOutput.contracts['Storage.sol:Storage'].abi
undefined
> var storageContract = eth.contract(JSON.parse(storageContractAbi))
undefined
> var storageBinCode = "0x" + storageOutput.contracts['Storage.sol:Storage'].bin
undefined
```

9.2.2 部署智能合约

在部署合约之前,需要先解锁账户

```
> personal.unlockAccount(eth.accounts[0])
Unlock account 0xeb680f30715f347d4eb5cd03ac5eced297ac5046
Passphrase:
true
```

使用 web3.eth.contract 的 new 方法向网络中发送部署合约的交易,返回一个 web3js 合约实例地址 storageInstance。

```
> var deployTransationObject = { from: eth.accounts[0], data: storageBinCode, gas: 1000000 };
undefined

> var storageInstance = storageContract.new(deployTransationObject)
undefined
```

此时网络中有一个待处理的交易:

```
> txpool.status
{
    pending: 1,
    queued: 0
}


> txpool.inspect.pending
{
    0xEb680f30715F347D4EB5Cd03aC5EcEd297ac5046: {
        0: "contract creation: 0 wei + 1000000 × 18000000000 gas"
    }
}
```

开启挖矿,使这笔交易成功写入区块中。

```
> miner.start(1);admin.sleepBlocks(1);miner.stop();
true
```

交易被确认后,通过 storageInstance 对象可以看到部署成功后的合约地址为 0x441bc9c f6b183275e373f584277ec3ba0c2176de。合约地址是不可修改的,独一无二的,它是根据发送者的地址和交易的 nonce 的 Hash 计算得出的。在后面我们将通过这个合约地址和合约进行交互。部署合约的交易地址为 0xe2525fb45f37d66801b3da04c103f7b6bf875268fee4f1d5a8a7a77c7905d9b5。

```
> storageInstance
{
    abi: [{
        constant: false,
        inputs: [{...}],
        name: "set",
        outputs: [],
        payable: false,
        stateMutability: "nonpayable",
        type: "function"
    }, {
        constant: true,
        inputs: [],
        name: "get",
        outputs: [{...}],
        payable: false,
        stateMutability: "view",
        type: "function"
    }],
    address: "0x441bc9cf6b183275e373f584277ec3ba0c2176de",
    transactionHash: "0xe2525fb45f37d66801b3da04c103f7b6bf875268fee4f1d5a8a7a77c7905d9b5",
    allEvents: function(),
    get: function(),
    set: function()
}
```

根据部署合约的交易 Hash 查看交易详情：

```
> eth.getTransactionReceipt(storageInstance.transactionHash);
{
    blockHash: "0xb8db9224c0d466cb59f3ea80d33d885489f80d0927a5c5fbd8fb40c527167e32",
    blockNumber: 1,
    contractAddress: "0x441bc9cf6b183275e373f584277ec3ba0c2176de",
    cumulativeGasUsed: 200420,
    from: "0xeb680f30715f347d4eb5cd03ac5eced297ac5046",
    gasUsed: 100210,
    logs: [],
    logsBloom: "0x000000000000000000000000000000000000000000000000000000000000000000000000000000000000000000000000000000000000000000000000000000000000000000000000000000000000000000000000000000000000000000000000000000000000000000000000000000000000000000000000000000000000000000000000000000000000000000000000000000000000000000000000000000000000000000000000000000000000000000000000000000000000000000000000000000000000000000000000000000000000000000000000000000000000000000",
    root: "0xa994a1519cd784a8c980aa7248865604778c7ad9051be50467fa26136361251a",
    to: null,
```

```
        transactionHash: "0xe2525fb45f37d66801b3da04c103f7b6bf875268fee4f1d5a8a7a7
7c7905d9b5",
        transactionIndex: 1
}
```

通过 eth.getTransactionReceipt 方法获取合约地址：

```
> var storageAddress = eth.getTransactionReceipt(storageInstance.transactionHash).
contractAddress
    undefined

> storageAddress
    "0x441bc9cf6b183275e373f584277ec3ba0c2176de"
```

9.3　调用合约

通过获取的合约地址和合约进行交互：

```
> var storage = storageContract.at(storageAddress);
undefined

> storage
{
    abi: [{
        constant: false,
        inputs: [{...}],
        name: "set",
        outputs: [],
        payable: false,
        stateMutability: "nonpayable",
        type: "function"
    }, {
        constant: true,
        inputs: [],
        name: "get",
        outputs: [{...}],
        payable: false,
        stateMutability: "view",
        type: "function"
    }],
    address: "0x441bc9cf6b183275e373f584277ec3ba0c2176de",
    transactionHash: null,
    allEvents: function(),
    get: function(),
    set: function()
}
```

call 表示直接在本地 EVM 虚拟机中调用合约的 get() 方法，并且 call 方式调用合约不会修改区块链中的数据。

```
> storage.get.call()
0
```

调用合约 set() 方法，向以太网络中发送一条合约调用交易：

```
> storage.set.sendTransaction(42, {from: eth.accounts[0], gas: 1000000})
"0x9d48f962ab1f7f63356b6e772c6cbf3af962d006a3243f3cac5de9f4072e2fe9"
```

此时网络中有一个待处理的交易：

```
> txpool.status
{
    pending: 1,
    queued: 0
}

> txpool.inspect.pending
{
    0xEb680f30715F347D4EB5Cd03aC5EcEd297ac5046: {
        2: "0x441bc9Cf6B183275E373f584277EC3bA0c2176de: 0 wei + 1000000 × 18000000000 gas"
    }
}
```

开启挖矿：

```
> miner.start(1);admin.sleepBlocks(1);miner.stop();
true
```

交易成功打包确认后，再调用合约的 get() 方法，发现合约的 storedData 变量值已经变成我们刚才赋的值 42。

```
> storage.get.call()
42
```

我们已经通过控制台成功部署和调用了智能合约。可以看出，手动在控制台中部署和调用智能合约是一件非常麻烦的事情。幸运的是，我们有 Truffle 这样的可以帮助我们避免以上麻烦的工具，通过 truffle compile 和 truffle migrate 这两个命令就可以完成智能合约的编译与部署。通过上面的手动过程我们可以很清楚地了解一个智能合约编译与部署的详细过程，这对我们深入了解以太坊是有帮助的。

9.4 本章小结

本章主要介绍如何使用 solc 编译智能合约，在 Javascript console 中部署、调用编译好的合约。在实际开发中我们不会使用这么烦琐的方法去编译、部署、调用合约，下一章将介绍如何使用 Truffle 快速编译、部署智能合约。

第 10 章 Chapter 10

Truffle 详解

本章节我们将介绍一个更简单的部署智能合约的方法：Truffle。

10.1 什么是 Truffle

Truffle 是一套针对基于以太坊的 Solidity 语言的开发框架，本身基于 Javascript。Truffle 为以太坊提供了开发环境、测试框架和资产管道（pipeline），旨在使以太坊开发更容易。使用 Truffle 你会得到：

- 内置智能合约编译、链接、部署和二进制字节码管理。
- 针对快速迭代开发的自动化合约测试。
- 可脚本化，可扩展部署和迁移框架。
- 网络管理，用于部署到任意数量的公共网络和私有网络。
- 使用 EthPM 和 NPM 进行包安装管理。
- 用于直接与合约通信的交互式控制台。
- 支持持续集成可配置构建管道。
- 外部脚本运行程序可以在 Truffle 环境中执行脚本。
- 提供了合约抽象接口，可以直接通过 var instance = Storage.deployed(); 拿到合约对象，然后在 Javascript 中直接操作对应的合约函数。原理是使用了基于 web3.js 封装的 Ether Pudding 工具包。

- 提供了控制台，使用框架构建后，可以直接在命令行调用输出结果，可极大地方便开发和调试。

当开发基于 Truffle 的应用时，我们推荐使用 EthereumJS TestRPC。它是一个完整的运行在内存中的区块链，仅存在于开发设备上。它在执行交易时是实时返回的，而不用等待默认的出块时间，这样你可以快速验证新写的代码。当出现错误时，你也能即时得到反馈。它同时还是一个支持自动化测试的功能强大的客户端。Truffle 充分利用它的特性，能将测试提速近 90%。最好使用 TestRPC 客户端进行充分测试后，再使用 Geth、Parity、ruby-ethereum 等以太坊全客户端。这些是完整的客户端实现，包括挖矿、网络、区块及交易的处理，基于 Truffle 开发的应用可以在不需要额外配置的情况下发布到这些客户端。

下面我们从一个简单的例子开始了解 Truffle。

10.2 安装 Truffle

通过如下命令安装 Truffle：

```
$ npm install -g truffle@3.4.11
```

安装完成后执行下面的命令，确保 Truffle 被正确安装：

```
$ truffle
Truffle v3.4.11 - a development framework for Ethereum

Usage: truffle <command> [options]

Commands:
    init       Initialize new Ethereum project with example contracts and tests
    compile    Compile contract source files
    migrate    Run migrations to deploy contracts
    deploy     (alias for migrate)
    build      Execute build pipeline (if configuration present)
    test       Run Mocha and Solidity tests
    console    Run a console with contract abstractions and commands available
    create     Helper to create new contracts, migrations and tests
    install    Install a package from the Ethereum Package Registry
    publish    Publish a package to the Ethereum Package Registry
    networks   Show addresses for deployed contracts on each network
    watch      Watch filesystem for changes and rebuild the project automatically
    serve      Serve the build directory on localhost and watch for changes
    exec       Execute a JS module within this Truffle environment
    unbox      Unbox Truffle project
    version    Show version number and exit

See more at http://truffleframework.com/docs
```

10.3 创建并初始化项目

通过如下命令创建并初始化项目：

```
$ mkdir myproject

$ cd myproject

$ truffle init
```

初始化完成后的目录结构如下：

```
myproject
├── contracts
│   ├── ConvertLib.sol
│   ├── MetaCoin.sol
│   └── Migrations.sol
├── migrations
│   ├── 1_initial_migration.js
│   └── 2_deploy_contracts.js
├── test
│   ├── TestMetacoin.sol
│   └── metacoin.js
└── truffle.js
```

- contracts/：存放我们编写的合约。
- migrations/：存放迁移部署脚本。
- test/：存放合约测试脚本
- truffle.js：Truffle 的配置文件

truffle init 会给我们创建一个名叫 MetaCoin 的代币应用。将这个默认的应用删除，编写我们自己的合约。

```
$ cd myproject

# 删除代币合约

$ rm contracts/ConvertLib.sol

$ rm contracts/MetaCoin.sol

# 删除迁移脚本

$ rm migrations/2_deploy_contracts.js

# 删除测试脚本
```

```
$ rm test/TestMetacoin.sol

$ rm test/metacoin.js
```

10.4 创建合约

接下来创建一个我们自己的合约，进入 contracts 目录，创建 Storage.sol 合约文件。

```
$ cd contracts/
$ touch Storage.sol
```

Storage.sol 合约的内容如下：

```
pragma solidity ^0.4.8;

contract Storage {

    uint256 storedData;

    function set(uint256 data) {
        storedData = data;
    }

    function get() constant returns (uint256) {
        return storedData;
    }
}
```

10.5 编译合约

接下来使用 truffle compile 命令编译刚刚完成的 Storage.sol 合约。

```
$ truffle compile

Compiling ./contracts/Migrations.sol...
Compiling ./contracts/Storage.sol...
Writing artifacts to ./build/contracts
```

从控制台的输出中我们可以看到，合约编译后的文件（artifacts）会写入 ./build/contracts 目录中，这些合约编译后的文件对于 Truffle 框架能否正常工作至关重要。请不要手动修改这些文件，因为即使修改了，再次执行编译命令时又会被覆盖。

Truffle 默认只编译自上次编译后被修改过的合约，目的是减少不必要的编译。如果你想编译全部合约，可以使用 --all 选项。

```
$ truffle compile --all
```

合约编译完成后，我们需要部署 Storage.sol 合约，在 truffle 中部署合约需要用到迁移脚本。下面我们进入 migrations 目录中为 Storage 合约创建一个迁移脚本。

10.6 迁移合约

迁移脚本是由一些 Javascript 文件组成的，用来帮助你把合约发布到以太坊网络中。之所以需要迁移脚本，是因为你的部署需求会随着时间改变。随着项目的发展，你可以创建新的迁移脚本把这些变化的合约部署到区块链上。之前你运行的迁移历史记录，会被一个特殊的 Migrations.sol 合约记录在区块链上，后面将对 Migrations.sol 合约进行详细介绍。

迁移脚本的命名规则：文件名以数字开头，以一个描述性的后缀结尾。数字前缀是必需的，用于记录移植是否成功。后缀仅是为了提高可读性，以方便理解。

```
$ cd migrations
$ touch 2_storage_migration.js
```

文件为 2_storage_migration.js：

```
var Storage = artifacts.require("Storage");
module.exports = function(deployer) {
    deployer.deploy(Storage);
};
```

1. artifacts.require()

在迁移脚本开始时，我们通过 artifacts.require() 方法告诉 truffle 我们将要与哪个合约交互。这个方法类似于 NodeJs 中的 require，但在这里，它返回的是一个合约抽象。我们可以在迁移脚本的其余部分中使用这个合约抽象。artifacts.require() 中使用的名字不是必须与合约源文件的文件名相同，相反，它应该与在合约源代码中定义的合约类的名称相同。

2. module .exports

在迁移脚本最后，我们通过 module.exports 导出一个函数，被迁移脚本导出的函数都应该接受一个 deployer 对象作为其第一个参数。deployer 对象中的辅助函数在部署过程中有了清晰的语法，用于部署智能合约及执行一些常见的任务，比如把发布后的对象保存下来供以后使用。这个 deployer 对象部署任务的主接口，它的 API 在本文后面有讲解。

好了，至此一切准备工作都做好了，接下来我们就可以把 Storage.sol 部署到区块链上了。在上一章中我们把智能合约部署到 geth 私有链中，这次我们将把智能合约部署到 Testrpc 环境中。

如果你还没有安装 Testrpc 那么先执行下面的安装命令：

```
$ npm install -g ethereumjs-testrpc
```

启动 testrpc：

```
$ testrpc

EthereumJS TestRPC v4.0.1 (ganache-core: 1.0.1)

Available Accounts
==================
(0) 0x9d02c028e7dd237213bd181cdb55f98da9ed8e64
(1) 0x0d157f5d9da61893093ba39fad87d08e6c55fc41
(2) 0xd69f903709b80f4ff9b338c725135ff8b7a55b94
(3) 0x5174fb1b516e75428cc1c9fa62e6df3b8313d280
(4) 0xafa676d65111e5ea1790981ca7ccbcf4e1fd37c2
(5) 0x454f7d978cdc588b0932614e512d8570b376aa17
(6) 0x4f8bd67351a54785534133a4b299e4fe402b3438
(7) 0x02d039305aa3628ab7f0cff7f9d7e4e90ff2a331
(8) 0xeace265c6f9153b66e2ce49a34d7a8f39a9223f1
(9) 0xcf396939dc0e067c0c95b5e11808903de62aa11a

Private Keys
==================
(0) 95b6dac199323d4246ce8f13277b85fa94918b17f1271f1b3bee9a2b8e653118
(1) 3567fe613afe8e122cc785b8331907fd21e050eb3144203576d58d37026c9f21
(2) 67eacb4cf7ef07171443e29101cfcb369f7bee2b1ae4c6145c20719e88e7458d
(3) e6ea7cbbcb4e4014738dcdb093f0a8be9fee67c189e18e5f1baf384e05cbe525
(4) b151fbd620ee6a7fea833c8017b181a431d49a9c7e2a777d1ba5e6127b39f909
(5) 6765223734c785fbedce37e16786f7ab79fdd697933e27b4663bd72e5dd29b01
(6) 2d3ade35f2ecec67834fa2b08ab8935d0b4d8b704c41cef8ced9fa24475d7ee4
(7) 385edb489851649f6200621b4338121a7eebead8c05d5f50c036da59b8695a9a
(8) a412e30d941f9015d58bf27f335e90639e1b67cea9c3442ff64dbec58733ba04
(9) e0fd135471034fb5b2e6f494ad3947be012f15d2d08f26985f9bcc52e47e003f

HD Wallet
==================
Mnemonic:      million remember shell basket verify because image mobile extra novel rival purchase
Base HD Path:  m/44'/60'/0'/0/{account_index}

Listening on localhost:8545
```

testrpc 启动成功后，回到 myproject 项目的目录中，执行迁移命令：

```
$ truffle migrate

Using network 'development'.

Running migration: 1_initial_migration.js
  Deploying Migrations...
  ... 0x9660bd2dad09d2417ab2d0d7931395d4425c857e09dca4cba37850229ea12004
  Migrations: 0xe78a0f7e598cc8b0bb87894b0f60dd2a88d6a8ab
```

```
Saving successful migration to network...
    ... 0xbb4949bdd34ff8085babe7e8624b67834f79b8d287b131c79000be7163697932
Saving artifacts...
Running migration: 2_deploy_Storage.js
    Deploying Storage...
    ... 0x33448d46fd119b46b9a49ba6550becee7266f9f02ad48561afca93bf4e13e912
    Storage: 0xcfeb869f69431e42cdb54a4f4f105c19c080a601
Saving successful migration to network...
    ... 0x8e1f6cf2cf9221b6242de54995c6e71e0ae69781a6b4b587a98e3b3ae5acd047
Saving artifacts...
```

truffle migrate 命令会执行所有位于 migrations 目录内迁移脚本。如果你之前已成功执行过迁移脚本，那么 truffle migrate 仅会执行新创建的迁移。如果没有新的迁移脚本，这个命令不会执行任何操作。可以使用选项 --reset 来重新执行全部迁移脚本。

```
$ truffle migrate --reset
```

3. 初始化迁移合约

在本节开头我们提到过一个特殊的合约 Migrations.sol，那么现在就来详细了解一下这个特殊合约。为了使用迁移功能，Truffle 要求你要有一个迁移合约。这个合约必须包含一个特定的接口，对于大多数项目来说，这个合约只会在第一次做迁移的时候被部署，以后都不会做任何的更改了。当你使用 truffle init 来创建一个项目的时候，它会默认创建这个合约。

文件名为 contracts/Migration.sol。

```
pragma solidity ^0.4.4;

contract Migrations {
    address public owner;
    uint public last_completed_migration;

    modifier restricted() {
        if (msg.sender == owner) _;
    }

    function Migrations() {
        owner = msg.sender;
    }

    function setCompleted(uint completed) restricted {
        last_completed_migration = completed;
    }

    function upgrade(address new_address) restricted {
        Migrations upgraded = Migrations(new_address);
        upgraded.setCompleted(last_completed_migration);
    }
}
```

为了利用迁移的特性，首先你必须部署 Migration.sol 合约。为此，创建以下迁移脚本：文件名为 migrations/1_initial_migrations.js。

```
var Migrations = artifacts.require("./Migrations.sol");

module.exports = function(deployer) {
    //Deploy the Migrations contract as our only task
    deployer.deploy(Migrations);
};
```

要部署其他合约，你可以递增数字编号前缀来创建新的迁移脚本。

4. 部署器 (deployer)

你的迁移脚本会使用 deployer 对象来组织部署任务。deployer 对象会同步执行部署任务，因此你可以按顺序编写部署任务。

```
//先部署 A，再部署 B
deployer.deploy(A);
deployer.deploy(B);
```

另外，deployer 上的每一个函数都会返回一个 promise，通过 promise 可以把有执行顺序依赖关系的部署任务组成队列。

```
//先部署A，然后部署 B，把 A 部署后的地址传给B
deployer.deploy(A).then( function () {
    return deployer.deploy(B, A.address);
});
```

5. deployer API

deployer 对象中包含许多方法，可以用来简化你的迁移工作。

（1）deployer.deploy(CONTRACT, ARGS…, OPTIONS)

这个 API 是用来部署合约的。contract 参数传入需要部署的合约名字；args 参数传入合约的构造函数需要的参数；options 是一个可选参数，它的值是 {overwrite: true/false}。如果 overwrite 被设置成 false，那么当这个合约之前已经部署过了，这个 deployer 就不会再部署这个合约，这在一个合约的依赖由一个外部合约地址提供的情况下是有用的。

为了快速进行部署多个合约，你可以向 deployer.deploy(……) 函数中传入一个或多个数组。

例子：

```
//部署单个合约，不带任何构造参数
deployer.deploy(A);
//部署单个合约带有构造参数
deployer.deploy(A, arg1, arg2, ...);
```

```
// 部署多个合约,一些带构造参数,一些不带构造参数
// 比写 3 次 `deployer.deploy()` 语句更快,因为 deployer 可以把所有的合约部署一次性打包提交
deployer.deploy([
    [A, arg1, arg2, ...],
    B,
    [C, arg1]
]);
// 外部依赖的例子:
//
// overwrite: false 表示,如果 SomeDependency 合约之前已经被部署过,那么不再重新部署,
// 直接使用之前已部署好的地址
// 如果我们的合约要运行在自己的测试链上,或者将要运行的链上没有 SomeDependency 合约,
// 那么把 overwrite: false 改成 overwrite: true,表示不再检查之前 SomeDependency 有没
// 部署过,一律覆盖部署
deployer.deploy(SomeDependency, {overwrite: false });
```

(2) deployer.link(LIBRARY, DESTINATIONS)

把一个已部署好的库链接到一个或多个合约里。destinations 可以传入一个合约,也可以传入一组合约。如果 destinations 中的某个合约不依赖这个库,那么 deployer 的 link 函数就会忽略这个合约。

```
// 部署库 LibA,然后把 LibA 链接到合约 B,然后部署合约 B
deployer.deploy(LibA);
deployer.link(LibA, B);
deployer.deploy(B);

// 库 LibA 链接到多个合约
deployer.link(LibA, [B, C, D]);
```

(3) deployer.then(function() {...})

在迁移过程中使用它调用特定合约的函数来部署新的合约,为已部署的合约做一些初始化工作等。

例子:

```
var a, b;
deployer.then( function () {
        // 部署合约 A 的一个新版本到网络上
        return A.new();
}).then( function (instance) {
        a = instance;
        // 获取已部署的合约 B 的实例
    return B.deployed();
}).then( function (instance) {
        b = instance;
        // 使用合约 B 的 setA() 方法设置 A 的地址的新实例
        return b.setA(a.address);
});
```

（4）网络相关

在执行迁移时，Truffle 会把 truffle.js 里配置的 networks 传递给迁移脚本，你可以在迁移脚本中的 module.exports 导出函数中第二个参数位置接受这个 networks 参数值。

文件 truffle.js：

```
module.exports = {
    networks: {
        development: {
            host: "localhost",
            port: 8545,
            network_id: "*" // * 表示匹配所有的 network_id
        }
    }
};
```

在迁移脚本中接受 network：

```
module.exports = function(deployer, network) {
    if (network == "live") {
        // 当不在 "live" 网络上时，做一些特定的操作
    } else {
        // 当在时，做一些其他的操作
    }
}
```

（5）可用的账户

在执行迁移时，Truffle 会把当前以太坊客户端或 web3.provider 中可用的账户列表传递给迁移脚本，这个账户列表与 web3.eth.getAccounts() 返回的账户列表完全一样。你可以在迁移脚本中的 module.exports 导出函数中第三个参数位置接受这个 accounts 参数值。

```
module.exports = function(deployer, network, accounts) {
    // 在你的迁移脚本中使用账户
}
```

10.7 合约交互

以太坊中将向以太坊网络写入数据和从以太坊网络中读取数据这两种操作做了区分。一般来说，写数据称为交易（transaction），而读取数据称为调用（call）。交易和调用的处理方式有很大差异，并且具有以下特征。

10.7.1 交易

交易会从根本上改变网络的状态。简单的交易有"发送以太币到另一个账户"。复杂的

交易有"调用一个合约的函数,向网络中部署一个合约"。交易的显著特征是:
- 交易可以写入或修改数据。
- 交易花费以太币运行,就是我们所说的 gas。
- 交易需要时间处理。

当你通过交易调用合约的函数时,我们将无法立即获得智能合约的返回值,因为该交易当前只是被发送,离被打包、执行还有一段时间。通常,通过交易执行的函数将不会立刻返回值,它们将返回一个交易 ID。所以,一个交易一般有如下特征:
- 消耗 gas(以太币)。
- 更改网络的状态。
- 不会立即处理。
- 不会立刻返回一个返回值(只有一个交易 ID)。

10.7.2 调用

调用与交易完全不一样。调用可以在网络上执行代码,但不会永久更改数据。调用可以免费运行,不需要花费 gas。调用的显著特征是:调用是用来读取数据。

当你通过调用执行合约函数时,你将立即收到返回值。总而言之,调用是:
- 是免费的(不消耗 gas)。
- 不会更改网络的状态。
- 会被立即处理。
- 会立刻返回一个值。

决定使用交易还是调用的依据很简单:看是要读取数据还是写入数据。

10.7.3 合约抽象

合约抽象是 JavaScript 和以太坊合约交互之间的黏合剂。简而言之,合约抽象帮我们封装好了代码,它可以让我们和合约之间的交互变得简单,从而让我们不必关心合约调用细节。Truffle 通过 truffle-contract 模块来使用自己的合约抽象。合约抽象中的函数和我们合约中的函数是一样的。

为了使用合约抽象和合约交互,我们需要通过 npm 安装 truffle-contract 模块:

```
$ cd myproject
$ npm init -y
$ npm install --save truffle-contract@3.0.1
$ npm install --save web3@0.20.0
```

10.7.4 与合约交互

1. Call 方式交互

介绍完上述概念后，现在我们可以和之前部署好的 Storage.sol 合约进行交互了。首先我们以 call 方式调用合约。

文件 call.js：

```
var Web3=require("web3");

var contract = require("truffle-contract");
var data=require("../build/contracts/Storage.json");

// 返回合约抽象
var Storage = contract(data);

var provider = new Web3.providers.HttpProvider("http://localhost:8545");
Storage.setProvider(provider);

// 通过合约抽象与合约交互
Storage.deployed().then(function(instance) {
    return instance.get.call();          // call 方式调用合约
}).then(result=>{
    console.info(result.toString());     // return 0
}).catch(err=>{
    // 报错了！在这里处理异常信息
});
```

- 我们必须明确调用了 .call() 函数，告诉 Ethereum 网络我们不会修改区块链上的数据。
- 当调用成功时，我们会收到一个返回值，而不是交易 ID。

2. Transaction 方式交互

接下来我们以 transaction 方式给 Storage.sol 合约中 storedData 变量赋值为 42。

文件 transaction.js：

```
var Web3=require("web3");

var contract = require("truffle-contract");
var data=require("../build/contracts/Storage.json");

// 返回合约抽象
var Storage = contract(data);

var provider = new Web3.providers.HttpProvider("http://localhost:8545");
```

```javascript
Storage.setProvider(provider);

var storageInstance;
Storage.deployed().then(function(instance) {
    storageInstance=instance;

    // 以 transaction 方式与合约交互
    return storageInstance.set(42,{from:Storage.web3.eth.accounts[0]});
}).then(result=>{
    // result 是一个对象，它包含下面这些值：
    //
    // result.tx       => 交易 Hash，字符类型
    // result.logs     => 在交易调用中触发的事件，数组类型
    // result.receipt  => 交易的接收对象，里面包含已使用的 gas 数量

    console.info(result.tx);              // 返回交易 ID
}).then(()=>{
    // 调用 Storage get 方法
    return storageInstance.get.call();
}).then(result=>{
    console.info(result.toString());      // 返回 42 ，说明我们之前的调用成功了
}).catch(err=>{
    // 报错了！在这里处理异常信息
});
```

上面的代码有一些需要说明的地方：

- 我们直接调用这合约抽象的 set 方法。默认情况下，这个操作会向区块链网络中发送一笔交易。也可以显式调用 storageInstance.set.sendTransaction(42,{from:Storage.web3.eth.accounts[0]})，表明是以 transaction 方式进行交互的。
- 当这个交易成功发出后，回调函数只有在交易被成功打包处理后才会激活，这省去了你自己写判断语句检查交易状态的麻烦。
- 我们传递了一个对象给 set 函数的第二个参数。注意：在我们的 Storage.sol 合约代码中 set 函数并没有第三个参数，这第三个参数是合约抽象 API 里的。在合约抽象的所有函数中，你都可以向它们传入一个对象作为最后一个参数，在这个对象中你可以写入一些有关交易的细节。在这个例子中，我们在对象中写入 from 字段，以确保这个交易来自 web3.eth.accounts[0]。

10.7.5　添加一个新合约到网络

在上面的所有例子中，我们使用的是一个已部署好的合约抽象，我们可以使用合约抽象的 .new() 函数来部署自己的合约。

文件 new.js：

```javascript
var Web3=require("web3");

var contract = require("truffle-contract");
var data=require("../build/contracts/Storage.json");

// 返回合约抽象
var Storage = contract(data);

var provider = new Web3.providers.HttpProvider("http://localhost:8545");
Storage.setProvider(provider);

var storageInstance;

// new 部署新的合约
Storage.new({from:Storage.web3.eth.accounts[0],gas:1000000}).then(function(instance) {
    storageInstance=instance;
    // 输出新合约的地址
    console.log(instance.address); // 0xfc628dd79137395f3c9744e33b1c5de554d94882
}).catch((err) => {
    console.info(err)
    // 报错了！在这里处理异常信息
});
```

10.7.6　使用现有合约地址

如果已经有一个合约地址，可以通过这个地址创建一个新的合约抽象。

```javascript
var Web3=require("web3");

var contract = require("truffle-contract");
var data=require("../build/contracts/Storage.json");

// 返回合约抽象
var Storage = contract(data);

var provider = new Web3.providers.HttpProvider("http://localhost:8545");
Storage.setProvider(provider);

// 通过合约抽象与合约交互
Storage.at("0xfc628dd79137395f3c9744e33b1c5de554d94882").then(function(instance) {
    return instance.get.call();
}).then(result=>{
    console.info(result.toString());// return 0
}).catch(err=>{
    // 报错了！在这里处理异常信息
});
```

10.7.7 向合约发送以太币

你可能只想将以太币直接发送给合约,或触发合约的回退函数。那么你可以通过以下方法来做这件事。

使用 instance.sendTransaction() 直接向合约发送一个交易。这个方法的用法和 web3.eth.sendTransaction 差不多,除了没有回调函数。

```
instance.sendTransaction({...}).then(function(result) {
    // result 是一个对象,它包含下面这些值:
    //
    // result.tx        => 交易 Hash,字符类型
    // result.logs      => 在交易调用中触发的事件,数组类型
    // result.receipt   => 交易的接收对象,里面包含已使用的 gas 数量
});
```

新建一个可以接受以太币的合约 Deposit.sol,然后通过之前的方法编译,部署这个合约。

创建 Deposit.sol 合约:

```
$ cd myproject

$ touch contracts/Deposit.sol
```

文件 Deposit.sol:

```
pragma solidity ^0.4.8;

contract Deposit {

    event LogDeposit(address from,uint value);

    function () payable{
        LogDeposit(msg.sender,msg.value);
    }

    function getBalance() returns(uint){
        return this.balance;
    }
}
```

编译 Deposit.sol 合约:

```
$ truffle compile

Compiling ./contracts/Deposit.sol...
Writing artifacts to ./build/contracts
```

部署 Deposit.sol 合约：

```
$ truffle migrate

Using network 'development'.

Running migration: 3_deposite_migration.js
    Deploying Deposit...
    ... 0xc569ad0c586de89d55fcf54f6be09ffba582e4fea21df6918e02edbad436e892
    Deposit: 0x5f8e26facc23fa4cbd87b8d9dbbd33d5047abde1
Saving successful migration to network...
    ... 0x287ff7d0469fa766ab1360a8c7ef303abb6cc5ba5d944ca6ce47af7c3daffa20
Saving artifacts...
```

调用 Deposit.sol 合约，向合约中发送一个以太币。文件 transfer.js：

```javascript
var Web3 = require("web3");

var contract = require("truffle-contract");
var data = require("../build/contracts/Deposit.json");

// 返回合约抽象
var Deposit = contract(data);

var provider = new Web3.providers.HttpProvider("http://localhost:8545");
Deposit.setProvider(provider);


// deposit 合约实例
var depositInstance;
Deposit.deployed().then(function (instance) {
    depositInstance = instance;
    return depositInstance.getBalance.call();
}).then(result=>{
    // 查询余额
    console.info(`before deposit balance: ${Deposit.web3.fromWei(result, 'ether').toString()} ether`);// return 0
    // 发送以太币
    return depositInstance.sendTransaction({from: Deposit.web3.eth.accounts[0], value: Deposit.web3.toWei(1, 'ether')});
}).then(result => {
    console.info(`txid: ${result.tx}`);// return 0
    // 查询余额
    return depositInstance.getBalance.call();
}).then(result => {
    console.info(`after deposit balance: ${Deposit.web3.fromWei(result,'ether').toString()} ether`);// return 0
}).catch(err => {
    // 报错了！在这里处理异常信息
```

```
});

/*
输出：
before deposit balance: 6 ether
txid: 0x170c7b84d99e6d27cf59301d413d766ca081c8d03bb89aafc5b3d5643ff335ed
after deposit balance: 7 ether
*/
```

10.8 测试合约

Truffle 标配了一个自动化测试框架，让我们可以非常方便地测试自己的合约。该框架允许我们以两种不同的方式编写测试用例：

- 在 Javascript 中编写测试用例，测试从外部执行我们的合约，和应用调用合约的方式一样。
- 在 Solidity 中编写测试用例，测试从内部调用我们的合约。

两种风格的测试各有其优缺点，下面两章将分别讨论。

1. 测试文件位置

所有的测试文件应置于 ./tests 目录。Truffle 只会运行以 .js、.es、.es6、.sol 和 .jsx 结尾的测试文件，其他的都会被忽略。

通过下面的命令运行 ./tests 目录中所有的测试文件：

```
$ truffle test
```

也可以指定测试文件的路径，单独执行测试文件：

```
$ truffle test ./path/to/test/file.js
```

2. 干净环境

当你运行测试脚本时，Truffle 为你提供了一个干净的环境（clean-room）。如果使用 TestRPC 运行测试脚本，Truffle 会使用 TestRPC 的高级快照功能来确保测试脚本不会和其他测试脚本共享状态。如果在其他以太坊客户端，如 go-ethereum 上运行测试脚本，则 Truffle 会在每个测试脚本运行前，重新部署迁移，以确保测试的合约是全新的。

3. 速度

当运行自动化测试的时候，在 EthereumJS TestRPC 上运行会比在其他以太坊客户端上运行快许多。而且，TestRPC 还包含了一些特殊的功能，Truffle 利用这些功能可以让测试的速度提高 90%。作为一般工作流程，建议在正常开发和测过程中使用 TestRPC，当准备部署合约到生产环境上时,在 go-etheteum 客户端或其他官方客户端上再测试一次。

10.9　JavaScript 测试

　　Truffle 使用 Mocha 测试框架和 Chai 断言提供一个可靠的测试框架。下面我们看看 Truffle 是如何基于 Mocha,使我们轻松编写合约测试脚本的。

　　在代码结构上,测试脚本与 Mocha 基本保持一致。测试脚本文件放在 ./test 目录,并且以 .js 为后缀,还要包含 Mocha 能够自动识别并运行的语法。Truffle 测试与 Mocha 测试不同之处在于 contract() 函数。该函数的作用与 Mocha 的 describe() 函数功能完全相同,唯一的区别是 contract 可以开启 Truffle 的干净环境(clean-room)功能。它的工作原理如下:

- 在每个 contract() 函数运行前,我们的合约将被重新部署到正在运行的以太坊客户端上,这样测试脚本就可以运行在一个干净的合约上。
- contract() 函数会把在以太坊客户端中可用的账户列表作为 account 参数传递给我们,以便我们在测试用例中可以使用它们。

　　由于 Truffle 的测试框架是基于 Mocha 的,当不需要 Truffle 的干净环境(clean-room)功能时,仍然可以使用 describe() 运行正常的 Mocha 测试。

　　合约抽象是使 JavaScript 能和智能合约交互的基础。在测试脚本中,Truffle 无法自动检测出需要与哪些合约进行交互,所以需要通过 artifacts.require() 方法显示告诉 Truffle 需要交互的智能合约,该方法会为我们请求的合约返回可用的合约抽象。

　　接下来,我们为 Storage.sol 合约编写一个测试脚本,首先要在 ./test 目录中创建一个 storage.js 文件:

```
$ cd myproject

$ touch test/storage.js
```

文件 storage.js:

```
var Storage = artifacts.require("Storage");

/**
contract 块称为"测试套件"(test suite),表示一组相关的测试。它是一个函数,第一个参数是测试
套件的名称,第二个参数是一个实际执行的函数。
    it 块称为"测试用例"(test case),表示一个单独的测试,是测试的最小单位。它也是一个函数,第一
个参数是测试用例的名称,第二个参数是一个实际执行的函数
*/

// accounts 传入以太坊客户端中所有可用的账户
contract('Storage', function (accounts) {
```

```
    it("get storedData",function () {
        var storageInstance;

        return Storage.deployed().then(function (instance) {
            storageInstance=instance;
            return storageInstance.get.call();
        }).then(function(storedData){
            assert.equal(storedData, 0, "storedData equal zero");
        });
    })

    it("set 100 in storedData", function () {
        var storageInstance;

        return Storage.deployed().then(function (instance) {
            storageInstance=instance;
            return storageInstance.set(100);
        }).then(function () {
            return storageInstance.get.call();
        }).then(function(storedData){
            assert.equal(storedData, 100, "100 wasn't in storedData");
        });
    });
});
```

执行测试命令，测试输出如下：

```
$ truffle test
Using network 'development'.

Compiling ./contracts/Deposit.sol...


  Contract: Storage
    ✓ get storedData
    ✓ set 100 in storedData (55ms)


  2 passing (103ms)
```

通过上面的输出可以看出，每次我们执行测试命令时，Truffle 都会为我们重新部署一个新的合约，以便给我们提供一个干净的测试环境。

10.10 Solidity 测试

Solidity 测试合约和 JavaScript 测试脚本都位于 ./test 目录中，并且以 .sol 作为后缀。当 Truffle test 运行时，每一个 Solidity 测试合约都将包含一个独立的测试套件（test suit）。这些

Solidity 测试合约和 JavaScript 测试脚本有以下相同的特性：
- 每一个测试套件都有一个干净的测试环境（clean-room）。
- 直接访问已部署的合约。
- 导入任何其他合约依赖。

除了这些特性外，Truffle 的 Solidity 测试框架还加入了以下建议：
- Solidity 测试合约不应该继承其他任何合约（如 Test 合约）。这可使我们的测试尽可能少，并且使我们完全控制自己所写的合约。
- Solidity 测试合约不应该依赖于其他合约断言库。Truffle 为我们提供了一个默认的断言库，我们可以随时修改这个库，以满足需要。
- 我们应该可以对任何以太坊客户端运行我们的 Solidity 测试。

接下来，为 Storage.sol 合约编写一个 solidity 测试合约，首先要在 ./test 目录中创建一个 TestStorage 文件：

```
$ cd myproject

$ touch test/TestStorage.sol
```

文件 TestStorage.sol：

```solidity
pragma solidity ^0.4.8;


import "truffle/Assert.sol";
import "truffle/DeployedAddresses.sol";
import "../contracts/Storage.sol";


contract TestStorage {
    function testGet() {
        Storage meta = Storage(DeployedAddresses.Storage());

        uint expected = 0;


        Assert.equal(meta.get(), expected, "storedData should have equal zero");
    }

    function testSet() {
        Storage meta = Storage(DeployedAddresses.Storage());

        uint expected = 10000;

        meta.set(expected);
```

```
            Assert.equal(meta.get(), expected, "storedData should have equal 10000");
    }
}
```

执行测试命令，测试输出如下：

```
$ truffle test ./test/TestStorage.sol

Using network 'development'.

Compiling ./contracts/Deposit.sol...
Compiling ./contracts/Storage.sol...
Compiling ./test/TestStorage.sol...
Compiling truffle/Assert.sol...
Compiling truffle/DeployedAddresses.sol...


    TestStorage
      ✓ testGet (57ms)
      ✓ testSet (62ms)


    2 passing (391ms)
```

和执行 JavaScript 测试脚本时一样，每次我们执行测试命令时，Truffle 都会为我们重新部署一个新的合约，以给我们提供一个干净的测试环境。

10.11　Truffle 配置文件

在我们的项目 myproject 下有一个 truffle.js 文件，它就是 Truffle 的配置文件，该文件是一个 JavaScript 文件，它可以执行任何代码来创建我们的配置。它需要导出一个对象来表示项目配置。

文件 truffle.js：

```
module.exports = {
    networks: {
        development: {
            host: "localhost",
            port: 8545,
            network_id: "*" // Match any network id
        }
    }
};
```

在 Windows 上使用 cmd 命令行时，默认的配置文件 truffle.js 与命令 Truffle 可能会有冲突。所以在 Windows 下使用 Truffle 时，建议使用 PowerShell 或 Git BASH 命令行工具，或者将配置文件 truffle.js 重命名为 truffle-config.js 以避免此冲突。

文件 truffle-config.js：

```
module.exports = {
    networks: {
        development: {
            host: "localhost",
            port: 8545,
            network_id: "*" //Match any network id
        }
    }
};
```

在 truffle.js 中比较常用的是 networks 对象，在迁移期间需指定哪些网络可以用于部署，以及与每个网络进行交互时具体的交易参数（如 gas 价格、发送者地址等）。在指定网络上编译和运行迁移时，编译好的合约将被保存在 ./build/contracts/ 目录中以备以后使用。当合约抽象检测到以太坊客户端连接到指定网络时，它们将自动使用与该网络相关联的且编译好的合约来简化应用程序部署。

networks 对象是由网络名字和一个包含网络参数的对象构成，networks 是必需的，如果没有网络配置，那么 Truffle 将无法部署你的合约。默认的网络配置是由 truffle init 提供的，默认的配置可以匹配任何网络，这在开发期间十分有用，但是并不适用于生产环境。要通过配置使 Truffle 可以连接到其他网络，只需在 networks 中添加更多网络名字并指定相应的网络 ID。

网络名称方便用户操作，例如在指定网络（live）上运行迁移：

```
$ truffle migrate --network live
```

networks 对象的例子：

```
networks: {
    development: {
        host: "localhost",
        port: 8545,
        network_id: "*"          // "*" 匹配任何网络
    },
    live: {
        host: "178.25.19.88",    // 可以换成自己的 IP 地址
        port: 80,
        network_id: 1,           // "1" 表示以太坊公共网络
        //其他可选配置：

        //gas - 用于部署的 gas 上限，默认值是 4712388
        //gasPrice - 用于部署的 gasPrice，默认值是 100000000000 (100 Shannon)
        // from - 在迁移部署期间 Truffle 用来发送交易的地址，如果不写，
```

```
        // 默认值是以太坊客户端中第一个可用账户
        // provider - Truffle 通过 web3 provider 和以太坊网络进行交互
    }
}
```

对于任何网络，如果没有指定交易选项，将使用下面的默认值：
- gas：用于部署的 gas 上限，默认值是 4712388。
- gasPrice：用于部署的 gasPrice，默认值是 100000000000 (100 Shannon)。
- from：迁移期间的发送者地址。默认值是以太坊客户端中第一个可用账户。
- provider：默认是用 web3 provider，默认使用已配置的 host 和 port 选项：new Web3.providers.HttpProvider("http://\<host>:\<port>")

10.12 依赖管理

Truffle 集成了标准 npm 工具，这意味着你可以通过 npm 使用和分发智能合约、DApp 应用及以太坊的库。通过 npm 还可以将你的代码提供给他人使用。

你的项目中会有两个地方可能会用到其他包中的代码，一个是在你的智能合约中，一个是在你的 Javascript 脚本（迁移脚本，测试脚本）。接下来分别对这两种情况给出示例。

在接下来的例子中，我们将使用 example-truffle-library 这个库，这个库中的合约被部署到 Ropsten 测试网络中，这个库提供了一个非常简单的名字注册功能。为了使用这个库，我们需要通过 npm 安装它。

```
$ cd myproject

$ npm install --save blockchain-in-action/example-truffle-library
```

1. 在合约中使用依赖包

要在合约中使用依赖包里面的合约，需要通过 import 语句将要使用的合约导入到当前合约中，请看下面的例子。

文件 MyContract.sol：

```
pragma solidity ^0.4.10;

// 由于路径没有以 ./ 开头，所以 Truffle 知道在项目的 node_modules 目录中查找
// example-truffle-library 文件夹。
import "example-truffle-library/contracts/SimpleNameRegistry.sol";

contract MyContract {
    SimpleNameRegistry registry;
```

```solidity
    address public owner;

    function MyContract() {
        owner = msg.sender;
    }

    // 调用 registry 合约方法
    function getModule(bytes32 name) returns (address) {
        return registry.names(name);
    }

    // 传递 registry 合约部署后的地址
    function setRegistry(address addr) {
        require(msg.sender == owner);

        registry = SimpleNameRegistry(addr);
    }
}
```

MyContract.sol 合约需要与 SimpleNameRegistry.sol 合约进行交互，我们可以在迁移脚本中把 SimpleNameRegistry.sol 的合约地址传给 MyContract.sol 合约。

文件 4_mycontract_migration.js：

```javascript
var SimpleNameRegistry = artifacts.require("example-truffle-library/contracts/SimpleNameRegistry");
var MyContract = artifacts.require("MyContract");


module.exports = function (deployer) {
    deployer.deploy(SimpleNameRegistry,{overwrite: true}).then( function () {
        return deployer.deploy(MyContract);
    }).then(function () {
        // 部署我们的合约
        return MyContract.deployed();
    }).then(function (instance) {
        // 在部署成功后设置 registry 合约的地址
        instance.setRegistry(SimpleNameRegistry.address);
    });
};
```

2. 在 JavaScript 代码中使用

要在 JavaScript 代码中与包中的合约进行交互，需要通过 require 语句引入该包的 .json 文件，然后使用 Truffle-constract 模块将其转换为可用的合约抽象。

文件 registry.js：

```javascript
var Web3 = require("web3");
```

```
var contract = require("truffle-contract");
// 引入依赖包中 SimpleNameRegistry.json 文件，并通过 Javascript 方式和依赖包中的合约进行交互
var data = require("example-truffle-library/build/contracts/SimpleNameRegistry.json");

var SimpleNameRegistry = contract(data);

var provider = new Web3.providers.HttpProvider("https://ropsten.infura.io");
SimpleNameRegistry.setProvider(provider);

SimpleNameRegistry.setNetwork(3); // Enforce ropsten


var simpleNameRegistryInstance;
SimpleNameRegistry.deployed().then(function(instance) {
    simpleNameRegistryInstance = instance;
    return simpleNameRegistryInstance.names("wushouhe");
}).then(function(result) {
    console.info(result);
});
```

10.13 本章小结

本章讲解了 Truffle 的使用方法，通过对本章的学习，读者基本上可以熟练掌握使用 Truffle 编译、部署、测试自己的智能合约了。

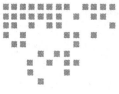

Chapter 11 第 11 章

以太坊 DApps 应用开发实战

本章将学习如何使用 Truffle 开发一个以太坊 DApps 应用。

11.1 DApps 架构与开发流程

11.1.1 DApps 架构 VS Web 应用架构

很多人可能之前已经听说过 DApps，但心里一直有个疑问：DApps 与 Web 应用到底有什么不一样的地方？所以在介绍 DApps 之前我们先回顾一下 Web 架构。Web 应用一般是 C/S 模式，前端使用 HTML、CSS、JavaScript 渲染页面，业务逻辑一般会使用 Java 这样的语言编写，业务逻辑编写完成后会部署在 Tomcat 等中心化的 Web 服务器上，业务中产生的数据会存储在数据库中。可以看出，传统的 Web 应用从业务逻辑到数据存储都是中心化的。

1. Web 应用架构

传统的 Web 应用架构如图 11-1 所示。

DApps（decentralized applications）顾名思义就是去中心化的应用。Web 应用是运行在 TCP/IP 四层模型上的，在 TCP/IP 网络上传递的是数据，区块链相当于在 TCP/IP 四层模型上又加上了一层价值传递层，使原有的四层模型变成五层

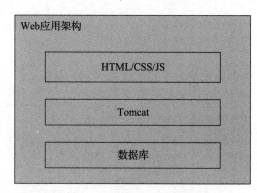

图 11-1 传统 Web 应用架构

模型。DApps 运行在区块链上，所以 DApps 应用天然具有价值转移的功能，这点是和 Web 应用最大的不同。Web 需要借助中心化的银行机构来进行货币转移。DApps 的业务逻辑是以智能合约的方式部署在区块链上的，所以 DApps 的业务逻辑也是去中心化的。同时智能合约产生的数据也是存储在区块链上的，这意味着 DApps 中的数据也是去中心化存储的。

2. DApps 架构

DApps 的架构如图 11-2 所示。

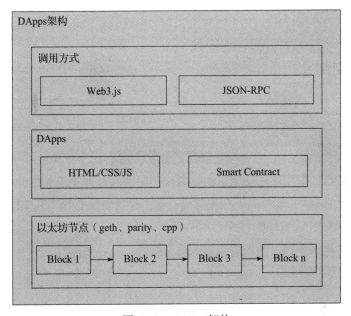

图 11-2　DApps 架构

为了更好地理解 DApps 与 Web 应用的区别，我们做了一个表进行了对比，如表 11-1 所示。

表 11-1　DApps 与 Web 应用的区别

	Web 应用	DApps 应用
前端	HTML、CSS、Javascript	HTML、CSS、Javascript
逻辑	Java 等高级语言编写，部署在 Web 服务器上	Solidity 语言编写，部署在以太坊区块链上
数据	存储在数据库中	存储在以太坊上
可使用的货币	法币	以太坊上的内置货币或合约创建的货币

11.1.2　DApps 开发流程

开发一个 DApps 应用需要以下几个步骤：

1）创建智能合约。

2）测试合约。

3）部署合约。

4）编写前端交互逻辑。

可以看出开发 DApps 的关键还是在于智能合约的编写，智能合约可以说是 DApps 的灵魂。前端与智能合约进行交互一般有两种方法：

- 使用以太坊提供的 web3.js API。
- 直接使用 JSON-RPC。

为了方便起见我们推荐使用 Web3.js API。

接下来将通过一个去中心化微博的例子详细介绍如何开发一个 DApps 应用。

11.2 案例：去中心化微博

这是一个运行在以太坊上的去中心微博系统，去中心化意味着没有一个中心化机构能够控制你发送的微博，你发送的微博是由你完全控制的，任何人无法删除、关闭你的微博。一旦你的微博发出去后，只有你自己能删除它。这个微博系统有以下几个功能：

- 微博内容长度限制在 160 个字符以下。
- 微博账户可以接受打赏、捐赠，货币是以太币。

整个系统的流程如图 11-3 所示。

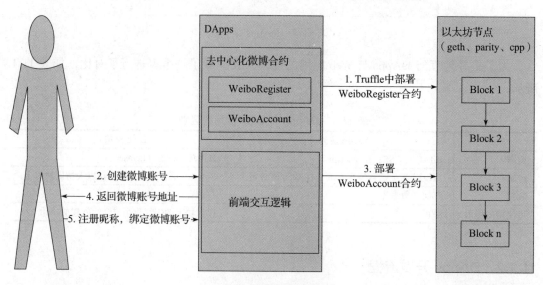

图 11-3　微博系统的流程图

从上面的流程图中可以看出，创建一个去中心化的合约一共需要两个合约：

- WeiboAccount 是一个比较重要的合约，每当我们需要创建一个微博时就需要部署一个 WeiboAccount 合约。合约部署完成后会返回一个合约地址，那就是我们的微博账号。我们想发送微博时就调用 WeiboAccount 里的方法，这样我们发送的所有微博就会存在 WeibAccount 合约中。根据我们之前的对智能合约的了解，其他人是不可以删除、修改 WeiboAccount 合约的。
- WeiboRegistry 合约相当于一个平台，一个展示微博账号的平台。我们自己创建了一个微博合约后需要到一个平台上注册一下，这样其他人就可以通过平台找到我们了，就可以和我们进行互动。即便平台被删除、屏蔽后我们自己的微博合约还是存在的。

接下来我们将一步一步地现实去中心化微博应用。

11.2.1 创建项目

创建一个 eth-weibo 项目，然后删除一些 Truffle 提供的样板代码：

```
$ mkdir eth-weibo
$ truffle init

# 删除代币合约

$ rm contracts/ConvertLib.sol

$ rm contracts/MetaCoin.sol

# 删除迁移脚本

$ rm migrations/2_deploy_contracts.js

# 删除测试脚本

$ rm test/TestMetacoin.sol

$ rm test/metacoin.js
```

以下是我们项目的目录结构：

```
eth-weibo
├── LICENSE
├── app
│   ├── index.html
│   ├── javascripts
│   │   └── app.js
│   └── stylesheets
```

```
│       └── app.css
├── build
│   ├── app.css
│   ├── app.js
│   ├── contracts
│   │   ├── Migrations.json
│   │   ├── WeiboAccount.json
│   │   └── WeiboRegistry.json
│   └── index.html
├── contracts
│   ├── Migrations.sol
│   ├── WeiboAccount.sol
│   └── WeiboRegistry.sol
├── migrations
│   ├── 1_initial_migration.js
│   └── 2_weiboregistry_migration.js
├── package.json
├── test
│   ├── WeiboAccount.js
│   └── WeiboRegistry.js
└── truffle.js
```

其中：

- app/：存放我们的前端应用。
- contracts/：存放我们编写的合约。
- build/：存放编译后的合约。
- migrations/：存放迁移部署脚本。
- test/：存放合约测试脚本。
- truffle.js：Truffle 的配置文件。

11.2.2 合约

1. WeiboAccount 合约

WeiboAccount 合约存储我们发送的微博内容，每一个微博账户对应一个 WeiboAccount 合约，WeiboAccount 合约的所有者是合约创建者，所以你的微博智能由你自己管理，没有任何一个机构能删除你的微博合约。WeiboAccount 合约包含以下几个功能：

- 发送微博。
- 查找微博。
- 打赏。

具体的实现请看下面的例子。

文件 WeiboAccount.sol：

```
pragma solidity ^0.4.10;


/**
    微博账户
*/
contract WeiboAccount {

    // data structure of a single Weibo
    struct Weibo {
    uint timestamp;
    string weiboString;
    }

    // 这个微博账户的所有的微博，微博 ID 映射微博内容
    mapping (uint => Weibo) _weibos;

    // 账户发的微博数量
    uint _numberOfWeibos;

    // 微博账户的所有者
    address _adminAddress;

    // 权限控制，被这个修饰符修饰的方法，表示该方法只能被微博所有者操作
    modifier onlyAdmin {
        require(msg.sender == _adminAddress);
        _;
    }

    // 微博合约的构造方法
    function WeiboAccount() {
        _numberOfWeibos = 0;
        _adminAddress = msg.sender;
    }

    // 发新微博
    function weibo(string weiboString) onlyAdmin {

        // 微博长度小于 160
        require(bytes(weiboString).length <= 160);

        _weibos[_numberOfWeibos].timestamp = now;
        _weibos[_numberOfWeibos].weiboString = weiboString;
        _numberOfWeibos++;
    }

    // 根据 ID 查找微博
    function getWeibo(uint weiboId) constant returns (string weiboString, uint timestamp) {
        weiboString = _weibos[weiboId].weiboString;
```

```solidity
        timestamp = _weibos[weiboId].timestamp;
    }

    // 返回最新一条微博
    function getLatestWeibo() constant returns (string weiboString, uint timestamp, uint numberOfWeibos) {
        // 该函数返回三个变量
        weiboString = _weibos[_numberOfWeibos - 1].weiboString;
        timestamp = _weibos[_numberOfWeibos - 1].timestamp;
        numberOfWeibos = _numberOfWeibos;
    }

    // 返回微博账户所有者
    function getOwnerAddress() constant returns (address adminAddress) {
        return _adminAddress;
    }

    // 返回微博总数
    function getNumberOfWeibos() constant returns (uint numberOfWeibos) {
        return _numberOfWeibos;
    }

    // 取回打赏
    function adminRetrieveDonations(address receiver) onlyAdmin {
        assert(receiver.send(this.balance));
    }

    // 摧毁合约
    function adminDeleteAccount() onlyAdmin {
        selfdestruct(_adminAddress);
    }

    // 记录每条打赏记录
    event LogDonate(address indexed from, uint256 _amount);

    // 接受别人的打赏
    function() payable {
        LogDonate(msg.sender, msg.value);
    }
}
```

2. WeiboRegistry 合约

WeiboRegistry 合约为我们提供了一个展示微博账号的平台，在 WeiboRegistry 维护着账户昵称、账户 ID 到 WeiboAccount 合约之间的映射关系，这样其他人就可以通过平台找到我们，可以和我们进行互动。即便平台被删除、屏蔽后我们自己的微博合约还是存在的，接下来我们将一步步地实现去中心化微博应用。

WeiboRegistry 合约主要包含以下几个功能：

- 注册微博。
- 返回已注册账户数量。
- 查找微博账户。
- 打赏。

具体的实现请看下面的例子。

文件 WeiboRegistry.sol：

```solidity
pragma solidity ^0.4.10;


/**
    微博管理平台
*/

contract WeiboRegistry {

    // 根据账户昵称、ID、地址查找微博账户
    mapping (address => string) _addressToAccountName;

    mapping (uint => address) _accountIdToAccountAddress;

    mapping (string => address) _accountNameToAddress;


    // 平台上的注册账户数量
    uint _numberOfAccounts;

    // 微博平台管理员
    address _registryAdmin;

    // 权限控制，被这个修饰符修饰的方法，表示该方法只能被微博平台管理员操作
    modifier onlyRegistryAdmin {
        require(msg.sender == _registryAdmin);
        _;
    }

    // 微博平台构造函数
    function WeiboRegistry() {
        _registryAdmin = msg.sender;
        _numberOfAccounts = 0;
    }

    // 在平台上注册微博：用户名，微博账号
    function register(string name, address accountAddress) {

        // 账号之前未注册过
```

```solidity
        require(_accountNameToAddress[name] == address(0));

        // 昵称之前未注册过
        require(bytes(_addressToAccountName[accountAddress]).length == 0);

        // 昵称不能超过64个字符
        require(bytes(name).length < 64);


        _addressToAccountName[accountAddress] = name;
        _accountNameToAddress[name] = accountAddress;
        _accountIdToAccountAddress[_numberOfAccounts] = accountAddress;
        _numberOfAccounts++;
    }

    // 返回已注册账户数量
    function getNumberOfAccounts() constant returns (uint numberOfAccounts) {
        numberOfAccounts = _numberOfAccounts;
    }

    // 返回昵称对应的微博账户地址
    function getAddressOfName(string name) constant returns (address addr) {
        addr = _accountNameToAddress[name];
    }

    // 返回与微博账户地址对应的昵称
    function getNameOfAddress(address addr) constant returns (string name) {
        name = _addressToAccountName[addr];
    }

    // 根据ID返回账户
    function getAddressOfId(uint id) constant returns (address addr) {
        addr = _accountIdToAccountAddress[id];
    }

    // 取回打赏
    function adminRetrieveDonations() onlyRegistryAdmin {
        assert(_registryAdmin.send(this.balance));
    }

    // 摧毁合约
    function adminDeleteRegistry() onlyRegistryAdmin {
        selfdestruct(_registryAdmin);
    }

    // 记录每条打赏记录
    event LogDonate(address indexed from, uint256 _amount);

    // 接受别人的打赏
```

```
    function() payable {
        LogDonate(msg.sender, msg.value);
    }
}
```

至此,我们的合约已经全部完成了,接下来需要部署合约。

3. 部署合约

在 Truffle 中只要部署 WeiboRegistry 合约就可以了,WeiboAccount 合约可以通过前端页面部署。在部署 WeiboRegistry 合约之前需要编写迁移脚本,具体内容如下:

文件 2_weiboregistry_migration.js:

```
var WeiboRegistry = artifacts.require("WeiboRegistry");

module.exports = function(deployer) {
    deployer.deploy(WeiboRegistry);
};
```

迁移脚本编写完成后,就可以执行迁移命令了,具体操作如下:

```
$ truffle migrate
Using network 'development'.

Running migration: 1_initial_migration.js
    Replacing Migrations...
    ... 0xbe47d7364e69b11b86f7bffa856faae3b1c3d99fe774b0402a632539f6b5e6c9
    Migrations: 0xc045c7b6b976d24728872d2117073c893d0b09c2
Saving successful migration to network...
    ... 0x33d1dea6b8bdb311b1de9efeba9610592fdf0cb262c1c44c64e54aaa33907c48
Saving artifacts...
Running migration: 2_weiboregistry_migration.js
    Replacing WeiboRegistry...
    ... 0x96dc46b721e829ae977aaf6c4c896b632dada4e855f4cb01e8b8c4939b4511fd
    WeiboRegistry: 0xbcfc9461b73d7fb423552d6cd594f406f7b0585d
Saving successful migration to network...
    ... 0x6a03cb39c24beea25d9ccaa2a9bac2e68f9197a6b52f7b57fb40068e70a814ab
Saving artifacts...
```

部署成功后,接下来就可以编写前台应用了。

11.2.3 前端应用

DApps 前端应用主要是用来和合约进行交互的,Truffle 为我们提供了合约抽象,通过合约抽象我们可以很方便地与合约进行交互。首先看一下我们应用的主页面——微博平台页面,如图 11-4 所示。

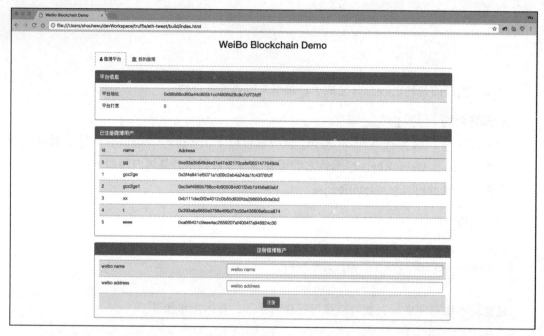

图 11-4 微博平台页面

微博页面，如图 11-5 所示。

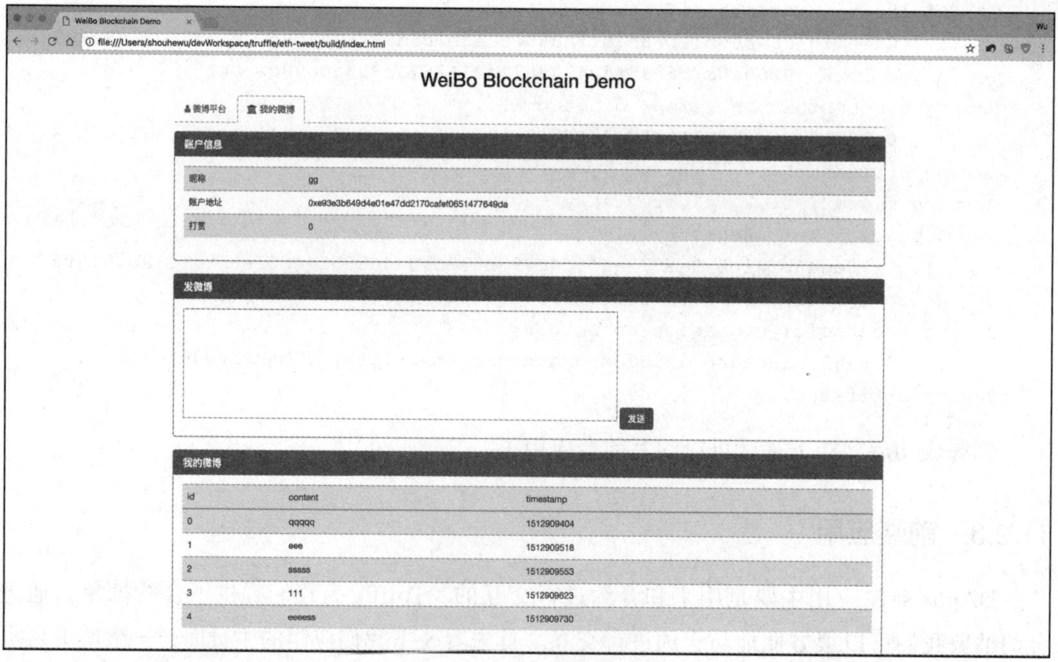

图 11-5 微博页面

为了在前段 Javascript 代码中能够使用 Truffle 提供的合约抽象，我们需要 truffle-default-builder、truffle-default-builder 可以帮助我们把合约抽象整合到 Javascript 脚本中。运行以下命令安装 truffle-default-builder。

```
$ cd eth-weibo
$ npm init -y
$ npm install --save truffle-default-builder@2.0.0
```

安装完成后需要在 truffle.js 中配置一下，见文件 truffle.js：

```
var DefaultBuilder = require("truffle-default-builder");

module.exports = {
    build: new DefaultBuilder({
        // 主页面
        "index.html": "index.html",
        // 页面逻辑
        "app.js": [
            "javascripts/app.js"
        ],
        // 页面样式
        "app.css": [
            "stylesheets/app.css"
        ]
    }),
    networks: {
        development: {
            host: "localhost",
            port: 8545,
            network_id: "*" // Match any network id
        }
    }
};
```

配置完成后执行 build 命令后会生成 build/app.js 文件：

```
$ truffle build
```

build/app.js 为我们提供了以下几个全局变量，我们可以在 app.js 文件中任何位置使用这几个全局变量：

- Web3 对象。
- WeiboAccount 和 WeiboRegistry 合约抽象。

truffle-default-builder 可以让我们专注于编写前台业务逻辑，不需要担心 ES6、ES7 规范与浏览器规范之间的区别，它会帮我们做转换。接下来我们开始编写前端的页面逻辑，所有前端的脚本位于项目 app/javascripts/app.js 文件中，前端页面逻辑主要功能如下：

- 生成微博账号。

- 在平台中注册微博昵称。
- 发送微博。
- 展示微博内容。
- 显示打赏金额。

具体的实现请看下面的例子。

文件 app.js：

```javascript
// 部署好 weiboRegistry 合约地址
var weiboRegistryAddress = "0xde2f00ccfeefadd1ecc87be765cf46ac901a6ac8";
var cuurentWeiboAddress;

// 部署 WeiboAccount 合约，需要的 gas
var defaultGas = 4700000;

// 注册微博账号
function register() {
    var weiboRegistryInstance;
    var name = $("#weiboName").val();
    var accountAddress;
    var weiboAccountAddress;
    WeiboAccount.new({from: web3.eth.accounts[0], gas: defaultGas}).then(function (instance) {
        weiboAccountAddress = instance.address;
        cuurentWeiboAddress = weiboAccountAddress;
        $("#weiboAddress").val(weiboAccountAddress);
    }).then(function () {
        WeiboRegistry.at(weiboRegistryAddress).then(function (instance) {
            weiboRegistryInstance = instance;
            return weiboRegistryInstance.register(name, weiboAccountAddress, {
                from: web3.eth.accounts[0],
                gas: defaultGas
            });
        }).then(function (txReceipt) {
            console.info(txReceipt);
            showAllRegister();
        });
    });
}

function getRegisterUser(id) {
    var addr;
    return WeiboRegistry.at(weiboRegistryAddress).then(function (instance) {
        weiboRegistryInstance = instance;
        return weiboRegistryInstance.getAddressOfId.call(id).then(function (a) {
            addr = a;
            return weiboRegistryInstance.getNameOfAddress.call(addr);
        }).then(function (name) {
```

```javascript
            return {id: id, name: name, addr: addr}
        })
    });
}

// 微博平台上所有注册用户
function getTotalRegisterUser() {
    return WeiboRegistry.at(weiboRegistryAddress).then(function (instance) {
        weiboRegistryInstance = instance;
        return weiboRegistryInstance.getNumberOfAccounts.call()
    }).then(function (total) {
        return total;
    });
}

// 查看平台所有已注册的微博账户
// {id:1,name:"",address:""}
async function getAllRegister() {
    let users = [];
    let total = await getTotalRegisterUser();
    for (let i = 0; i < total; i++) {
        let user = await getRegisterUser(i);
        users.push(user);
    }
    return users;

}

// 在页面中展示所有已注册用户
function showAllRegister() {
    getAllRegister().then(function (list) {
        $("#weiboList").html('');
        list.forEach(function (item, index) {
            $("#weiboList").append("<tr><td>" + item.id + "</td><td>" + item.name
 + "</td><td>" + item.addr + "</td></tr>");
        });
        cuurentWeiboAddress = list[0].addr || "";
    })
}

// 平台余额
function plantformBalance() {
    let balance = web3.eth.getBalance(weiboRegistryAddress);
    balance = web3.fromWei(balance, 'ether');
    return balance.toString();
}

// 微博平台基本信息
function getPlantformInfo() {
    $("#plantformAccount").html(weiboRegistryAddress);
```

```javascript
            $("#plantformBalance").html(plantformBalance() + " ether");
    }


    // 账户发微博
    function sendWeibo() {
        var weiboAccountInstance;
        var weiboContent = $("#weiboContent").val();
        WeiboAccount.at(cuurentWeiboAddress).then(function (instance) {
            weiboAccountInstance = instance;
            return weiboAccountInstance.weibo(weiboContent, {from: web3.eth.accounts[0], gas: defaultGas});
        }).then(function (txReceipt) {
            console.info(txReceipt);
            showWeibo();
            $("#weiboContent").val('');
        });
    }

    // 返回 weiboAddress 账户发出的第 id 条微博
    function getWeibo(weiboAddress, id) {
        var weiboAccountInstance;
        return WeiboAccount.at(weiboAddress).then(function (instance) {
            weiboAccountInstance = instance;
            return weiboAccountInstance.getWeibo.call(id).then(function (w) {
                return {id: id, weiboContent: w[0], timestamp: w[1]};
            })
        });
    }

    // 返回账户发的微博总数
    function getTotalWeibo(weiboAddress) {
        var weiboAccountInstance;
        return WeiboAccount.at(weiboAddress).then(function (instance) {
            weiboAccountInstance = instance;
            return weiboAccountInstance.getNumberOfWeibos.call()
        }).then(function (total) {
            return total;
        });
    }

    // 返回账户发的所有微博
    async function getAllWeibo(weiboAddress) {
        let weibos = [];
        let total = await getTotalWeibo(weiboAddress);
        for (let i = 0; i < total; i++) {
            let weibo = await getWeibo(weiboAddress, i);
            weibos.push(weibo)
        }
        return weibos;
```

```javascript
    }

    // 在页面中展示微博信息
    function showWeibo() {
        getAllWeibo(cuurentWeiboAddress).then(function (list) {
            $("#weiboContentList").html('');
            list.forEach(function (item, index) {
                $("#weiboContentList").append("<tr><td>" + item.id + "</td><td>" + item.weiboContent + "</td><td>" + item.timestamp + "</td></tr>");
            });
        });
    }


    // 微博余额
    function weiboBalance() {
        var balance = web3.eth.getBalance(cuurentWeiboAddress);
        balance = web3.fromWei(balance, 'ether');
        return balance.toString();
    }

    function getNameOfAddress() {
        var weiboRegistryInstance;
        return WeiboRegistry.at(weiboRegistryAddress).then(function (instance) {
            weiboRegistryInstance = instance;
            return weiboRegistryInstance.getNameOfAddress.call(cuurentWeiboAddress);
        }).then(function (name) {
            $("#myName").html(name);
        });
    }

    function getWeiboInfo() {
        getNameOfAddress();
        $("#myAccount").html(cuurentWeiboAddress);
        $("#myBalance").html(weiboBalance() + " ether");
    }

    // 初始化
    window.onload = function () {

        getPlantformInfo();
        showAllRegister();

        $("#home_tab").click(function (e) {
            e.preventDefault();
            getPlantformInfo();
            showAllRegister();
        })

        $("#weibo_tab").click(function (e) {
```

```
            e.preventDefault();
            getWeiboInfo();
            showWeibo();
        })

        $("#registerBtn").click(function () {
            register();
        });

        $("#sendweiboBtn").click(function () {
            sendWeibo();
        });


    };
```

前端逻辑已经完成,接下来需要编写的是页面。前端页面代码位于项目 app/index.html 文件中。

文件 index.html:

```
<!DOCTYPE html>
<html>

<head>
    <meta charset="UTF-8">
    <title>WeiBo Blockchain Demo</title>
    <link href='https://fonts.googleapis.com/css?family=Open+Sans:400,700' rel='stylesheet' type='text/css'>
     <link href='https://maxcdn.bootstrapcdn.com/bootstrap/3.3.7/css/bootstrap.min.css' rel='stylesheet' type='text/css'>
     <link href="https://maxcdn.bootstrapcdn.com/font-awesome/4.7.0/css/font-awesome.min.css" rel="stylesheet"
            integrity="sha384-wvfXpqpZZVQGK6TAh5PVlGOfQNHSoD2xbE+QkPxCAFlNEevoEH3S10sibVcOQVnN" crossorigin="anonymous">
    <style>
        .margin-top-1 {
            margin-top: 1em;
        }
    </style>
</head>

<body class="container">
<h2 style="text-align:center">WeiBo Blockchain Demo</h2>
<ul class="nav nav-tabs">
    <li class="active"><a data-toggle="tab" href="#sectionA" id="home_tab"><i class="fa fa-user"></i> 微博平台 </a>
    </li>
    <li><a data-toggle="tab" href="#sectionB" id="weibo_tab"><i class="fa fa-
```

```html
university"></i> 我的微博 </a></li>
    </ul>
    <div class="tab-content">
        <div id="sectionA" class="tab-pane fade in active">
            <div class="panel panel-primary margin-top-1">
                <div class="panel-heading">
                    <h3 class="panel-title"> 平台信息 </h3>
                </div>
                <div class="panel-body">
                    <table class="table table-striped">
                        <tbody>
                        <tr>
                            <td> 平台地址 </td>
                            <td id="plantformAccount"></td>
                        </tr>
                        <tr>
                            <td> 平台打赏 </td>
                            <td id="plantformBalance">
                            </td>
                        </tr>
                        </tbody>
                    </table>
                </div>
            </div>
            <div class="panel panel-primary">
                <div class="panel-heading">
                    <h3 class="panel-title"> 已注册微博用户 </h3>
                </div>
                <div class="panel-body">
                    <div>
                        <table class="table table-striped">
                            <tr>
                                <td>id</td>
                                <td>name</td>
                                <td>Address</td>
                            </tr>
                            <tbody id="weiboList">

                            </tbody>
                        </table>
                    </div>
                </div>
            </div>
            </hr>
            <div class="panel panel-primary text-center">
                <div class="panel-heading">
                    <h3 class="panel-title"> 注册微博账户 </h3>
                </div>
                <div class="panel-body">
```

```html
                        <table class="table table-striped">
                            <tbody>
                            <tr>
                                <td style="text-align:left">weibo name</td>
                                <td>
                                    <input type="text" class="form-control" id="weiboName"
                                        placeholder="weibo name">
                                </td>
                            </tr>
                            <tr>
                                <td style="text-align:left">weibo address</td>
                                <td>
                                    <input type="text" class="form-control" id="weiboAddress"
                                        placeholder="weibo address">
                                </td>
                            </tr>


                            <tr>
                                <td colspan="2">
                                    <button id="registerBtn" class="btn btn-primary">注册</button>
                                </td>
                            </tr>
                            </tbody>
                        </table>
                    </div>
                </div>
            </div>
            <div id="sectionB" class="tab-pane fade">
                <div class="panel panel-primary margin-top-1">
                    <div class="panel-heading">
                        <h3 class="panel-title">账户信息</h3>
                    </div>
                    <div class="panel-body">
                        <table class="table table-striped">
                            <tbody>

                            <tr>
                                <td>昵称</td>
                                <td id="myName"></td>
                            </tr>
                            <tr>
                                <td>账户地址</td>
                                <td id="myAccount"></td>
                            </tr>
                            <tr>
                                <td>打赏</td>
                                <td id="myBalance">
```

```html
                    </td>
                </tr>
            </tbody>
        </table>
    </div>
</div>
<div class="panel panel-primary">
    <div class="panel-heading">
        <h3 class="panel-title">发微博</h3>
    </div>
    <div class="panel-body">
        <div>
            <textarea id="weiboContent" style="width:700px;height:200px;overflow:scroll;resize:none;" ></textarea>
            <button id="sendweiboBtn" class="btn btn-primary">发送</button>
        </div>
    </div>
</div>
<!---->
<div class="panel panel-primary">
    <div class="panel-heading">
        <h3 class="panel-title">我的微博</h3>
    </div>
    <div class="panel-body">
        <div>
            <div>
                <table class="table table-striped">
                    <tr>
                        <td>id</td>
                        <td>content</td>
                        <td>timestamp</td>
                    </tr>
                    <tbody id="weiboContentList">

                    </tbody>
                </table>
            </div>
        </div>
    </div>
</div>
</div>
</div>
</body>
<script src="https://cdn.bootcss.com/jquery/1.12.4/jquery.min.js"></script>
<script src="https://cdn.bootcss.com/bootstrap/3.3.7/js/bootstrap.min.js"></script>
<!-- 引用页面逻辑脚本 -->
```

```
<script src="app.js"></script>
</html>
```

我们已经完成了一个去中心化微博的开发，正如前面所说的，开发 DApps 的关键在于智能合约的编写，智能合约承担了 DApps 的所有业务逻辑，所以大家在编写自己的 DApps 应用时需要仔细考虑如何设计自己的智能合约部分。前端页面与 Web 应用开发没什么区别，前端主要负责给用户提供一个与智能合约交互的页面，方便用户使用智能合约。

11.3 本章小结

本章通过一个去中心化微博的例子讲解了如何使用 Truffle 开发一个 DApps 应用。

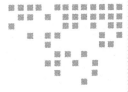

附录 A

比特币的原理和运行方式

比特币是经典的区块链应用,也是目前最大、最稳当的区块链应用。本章主要介绍比特币的编译和基本的使用方法。通过对本章的阅读,读者会对比特币系统会有一个初步的了解,为后续深入了解比特币的特性做好准备。

A.1 比特币简介

比特币(BitCoin)的概念最初由中本聪在 2009 年提出,其依托于根据中本聪的思路设计发布的开源软件以及建构其上的 P2P 网络。比特币是一种 P2P 形式的数字货币。P2P 意味着比特币系统是一个去中心化的支付系统。

与大多数货币不同,比特币不依靠特定货币机构发行,它依据特定算法,通过大量的计算产生。比特币经济使用整个 P2P 网络中众多节点构成的分布式数据库来确认并记录所有的交易行为,并使用密码学的设计来确保货币流通过程中各个环节的安全性。P2P 的去中心化特性与算法本身的特点可以确保无法通过大量制造比特币来人为操控币值。基于密码学的设计可以使比特币只能被真实的拥有者转移或支付。这同样确保了货币所有权与流通交易的匿名性。比特币与其他虚拟货币最大的不同是其总数量非常有限,具有极强的稀缺性。比特币系统曾在 4 年内只有不超过 1050 万个,之后的总数量将被永久限制在 2100 万个。

在某些国家和地区可以用比特币来兑现其他物品,比如购买一些虚拟物品,比如网络游戏中的装备。只要有人愿意接受,也可以使用比特币购买现实生活当中的物品。

A.2 比特币的特征

不同于传统货币，比特币是完全虚拟的。比特币不像我们传统的实体货币可以被人感知，比特币看不见，摸不着，其隐含在收发币的转账记录中。用户只要有证明其控制权的密钥，用密钥解锁，就可以发送比特币。这些密钥通常存储在计算机的数字钱包里。拥有密钥是使用比特币的唯一条件，这让控制权完全掌握在每个人手中。比特币是一个分布式的点对点的网络系统，因此没有"中央"服务器，也没有中央发行机构。比特币是通过"挖矿"产生的，挖矿就是验证比特币交易的同时参与竞赛来解决一个数学问题。任何参与者（比如运行一个完整协议栈的人）都可以做矿工，用他们的电脑算力来验证和记录交易。平均每10分钟就有人能验证过去这10分钟发生的交易，他将会获得新币作为工作回报。本质上，挖矿就把央行的货币发行和结算功能进行了分布式，用全球化的算力竞争来取代对中央发行机构的需求。

除此之外比特币还具有以下特点：

- 全世界流通：比特币可以在任意一台接入互联网的电脑上管理。不管身处何方，任何人都可以挖掘、购买、出售或收取比特币。
- 专属所有权：操控比特币需要私钥，它可以被隔离保存在任何存储介质。除了用户自己之外无人可以获取。
- 低交易费用：可以免费汇出比特币，但最终对每笔交易将收取约一定比率的交易费以确保交易更快执行。
- 无隐藏成本：作为由A到B的支付手段，比特币没有烦琐的额度与手续限制。知道对方比特币地址就可以进行支付。
- 跨平台挖掘：用户可以在众多平台上发掘不同硬件的计算能力。

A.3 比特币技术原理

比特币的分布式特性决定了在比特币系统中不会出现传统货币体系中的中心服务器的概念。由于没有中央权威的存在，信任是比特币系统最大的特性。比特币系统包含账号、交易和矿工这三个核心概念。

1. 账号

比特币的账号由数字密钥、比特币地址这两个部分组成。数字密钥实际上并不是存储在网络中，而是由用户生成并存储在一个文件或简单的数据库中，这个文件或数据库称为钱包。每笔比特币交易都需要一个有效的签名才会被存储在区块链。只有有效的数字密钥才能产生有效的数字签名，因此拥有比特币的密钥副本就拥有了该账户的比特币控制权。秘钥通常是成对出现的，由一个公钥和一个私钥组成。公钥相当于用户名，私钥可以理解为密码。比特币的用户通常看不到的数字秘钥，数字秘钥通常由钱包管理。

2. 交易

比特币交易是比特币系统中最重要的部分。根据比特币系统的设计原理，系统中任何其他部分都是为了确保比特币交易可以被生成、能在比特币网络中传播和通过验证，并最终添加入全球比特币交易总账簿（比特币区块链）。比特币交易的本质是数据结构，这些数据结构中含有比特币交易参与者价值转移的相关信息。在比特币系统中用户对比特币的拥有权体现在交易里，用户拥有的比特币数取决于其拥有的交易数，所有交易的总和就是用户所拥有的比特币总数。

3. 矿工

挖矿是增加比特币货币供应的一个过程，而矿工可以看着是一个逻辑概念，可以理解为比特币系统的一个节点。挖矿还可保护比特币系统的安全，防止欺诈交易，避免"双重支付"（指多次花费同一笔比特币）。矿工们通过为比特币网络提供算力来换取获得比特币奖励的机会。在1.2.4节介绍了常用的共识算法，其中有一种算法名为POW（工作量证明），挖矿的过程就是POW算法的一种实现。

A.4 编译和安装

比特币是基于C++语言开发的，因此在Linux和UNIX系统上面进行编译相对比较简单，但是还是有一些需要注意的地方。我们以Ubuntu系统为例给读者演示一下比特系统的安装过程。

第一步：安装系统编译所必需的包。

```
sudo apt-get install build-essential libtool autotools-dev autoconf automake pkg-config libssl-dev libevent-dev bsdmainutils libboost-system-dev libboost-filesystem-dev libboost-chrono-dev libboost-program-options-dev libboost-test-dev libboost-thread-dev libboost-all-dev  libdb-dev libdb++-dev
```

第二步：安装比特币编译的必需包。

```
sudo apt-get install software-properties-common
sudo add-apt-repository ppa:bitcoin/bitcoin
sudo apt-get update
sudo apt-get install libdb4.8-dev libdb4.8++-dev
sudo add-apt-repository ppa:bitcoin/bitcoin
```

第三步：获取比特币源代码并预编译。

```
mkdir -p /opt/bitcoin
```

```
git clone https://github.com/bitcoin/bitcoin.git
git checkout remotes/origin/0.15
./autogen.sh
./configure
```

上述命令中 ./configure 可以有参数，具体的参数可以通过 --help 参数获取。常用的参数及其注释如下：

- --disable-wallet：仅仅作为比特币的节点启动。
- --without-gui：不启动图形界面。

在编译过程中可能可能会遇到这样的错误"configure: error: Found Berkeley DB other than 4.8, required for portable wallets"，此时可以通过参数 --with-incompatible-bdb 避免。

第四步：编译和安装。

```
make
make install
```

编译完成之后通过以下命令检查安装是否正确。

```
which bitcoind
```

A.5 比特币的核心模块及其使用方法

比特币系统源代码编译之后会有三个模块：bitcoind、bitcoin-cli、bitcoin-tx。这个三个模块是比特币的核心组成部分，其作用如表 A-1 所示。

表 A-1 比特币系统模块和注释对应表

模块名称	功能
bitcoind	比特币系统主程序，是一个常驻内存程序，启动之后运行在后台。bitcoind 负责同步数据、管理交易、管理用户钱包、管理客户端接口等，是整个比特币系统的核心
bitcoin-cli	比特币系统命令行工具。通过 bitcoin-cli 可以管理已经运行的 bitcoind 程序，同时可以进行查询交易、发起交易、创建钱包等操作
bitcoin-tx	比特币交易管理工具。可以创建和管理交易，该工具不是很常用

bitcoind 是比特币系统的核心模块，bitcoind 通过命令行参数和配置文件来管理比特币的特性。

A.5.1 快速启动一个比特币系统

下面来启动一个比特系统。

第一步：创建一个文件夹来存储交易和配置文件。

该文件夹可以在任意位置，但是对大小有一定的要求。截止本书完稿的时候，比特币系统中所有交易数据文件的大小为 200GB 左右。考虑到比特币系统中交易数量的高速增长，建议读者在准备存放比特币交易数据文件的文件系统的磁盘时，确保其剩余空间不小于 300GB。

创建比特币数据存放目录：

```
mkdir -p /opt/bitcoin/bitdata
```

第二步：创建配置文件。

```
cd /opt/bitcoin/bitdata

vi bitcoin.conf
```

配置文件内容如下：

```
rest=1
rpcuser=root
rpcpassword=111111
rpcport=33133
rpcallowip=::/0
datadir=/opt/bitcoin/bitdata
```

将上述内容保存到配置文件中，文件名为 bitcoin.conf。

第三步：启动比特币系统。

```
bitcoind -daemon -datadir=/opt/bitcoin/bitdata
```

其中，-deamon 参数表示当前启动的比特币系统将在后台运行，如果是演示启动则可以不添加该参数。

第四步：利用客户端工具 bitcoin-cli 访问比特币系统。

获取当前比特币系统的区块信息：

```
bitcoin-cli -datadir=/opt/bitcoin/bitdata getblockchaininfo
```

第五步：通过 RESTAPI 访问比特币系统。

通过 RESTAPI 接口的形式访问当前比特币系统的网络信息：

```
curl --data-binary '{"jsonrpc": "1.0", "id":"curltest", "method": "getblockchaininfo", "params": [] }'  -H 'content-type: text/plain;' http://root:111111@127.0.0.1:33133/
```

至此已启动了一个完整的比特币系统。

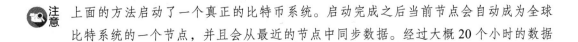

上面的方法启动了一个真正的比特币系统。启动完成之后当前节点会自动成为全球比特系统的一个节点，并且会从最近的节点中同步数据。经过大概 20 个小时的数据

同步，系统会将比特币的所有交易同步到当前的节点中，此时当前节点会存储比特币从诞生到现在的所有交易信息。如果你不想花费这么长的时间下载数据或者磁盘存储空间有限，那么只需要在 bitcoind 的命令行中加上参数 -testnet。但是笔者强烈建议读者将比特币的所有交易记录下载的本地。想象一下，如果你可以拥有银行的所有交易记录是怎样的一种体验。这正是区块链和比特币的魅力所在吧，完全公开并且是对等的。

A.5.2　bitcoind 命令行参数

bitcoind 模块通过 --help 属性可以查看所有命令行的参数选项。bitcoind 命令的参数非常多，可以分一般参数、钱包参数、链接参数、调试测试参数、节点参数、区块链类参数、RPC 服务器参数这七大类。本节将分别介绍这七大类参数及其作用。

1. 一般参数

这类参数决定 bitcoind 运行方式、版本信息等内容。bitcoind 包含如下一般参数：

- ？：显示帮助信息。
- version：显示版本信息。
- alertnotify：当收到相关提醒或者看到一个长分叉时执行命令（%s 将被替换为消息）。
- blocknotify：当最好的货币块改变时执行命令（命令中的 %s 会被替换为货币块哈希值）。
- assumevalid：如果这个块在链中，则假设它和它的祖先是有效的，并可能跳过它们的脚本验证。
- conf：指定配置文件，默认为 bitcoin.conf。
- daemon：系统启动之后作为守护进程运行在后台。
- datadir：指定数据目录。
- dbcache：设置数据库缓存大小，单位为兆字节（MB），默认为 25。
- loadblock：启动时从 blk000??.dat 文件导入数据块。
- maxorphantx：内存中保留最大交易数，默认为 100。
- maxmempool：保持交易内存池的最大值，默认为 300。
- mempoolexpiry：内存池中保留交易最大时间，默认为 72。
- persistmempool：系统关闭时是否保存内存池，默认为 1。
- blockreconstructionextratxn：交易在内存中的快照数，默认为 100。
- par：设置脚本验证的程序，取值范围为 –2 ～ 16，其中 0 表示自动，<0 表示保留自由的核心，默认值为 0。

- pid：指定 pid（进程 ID）文件，默认为 bitcoind.pid。
- prune：通过修剪（删除）旧数据块减少存储需求。此模式将禁用钱包支持，并与 -txindex 和 -rescan 不兼容。
- reindex-chainstate：从当前位置重建索引。
- reindex：启动时重新为当前的 blk000??.dat 文件建立索引。
- sysperms：创建系统默认权限的文件，而不是 rnnask 077，只在关闭钱包功能时有效。
- txindex：维护一份完整的交易索引，用于 getrawtransaction RPC 调用，默认值为 0。

2. 链接参数

这类参数主要在网络中使用，bitcoind 包含如下链接参数：

- addnode：添加一个节点，并尝试保持与该节点的连接。
- banscore：与行为异常节点断开连接的临界值，默认为 100。
- bantime：重新允许行为异常节点连接所间隔的秒数，默认为 86400。
- bind：绑定指定的 IP 地址开始监听。IPv6 地址应使用 [host]:port 格式。
- connect：仅连接到这里指定的节点。
- discover：发现自己的 IP 地址（默认：监听并且无 -extemalip 或 -proxy 时为 1）。
- dns：addnode 允许查询 DNS 并连接。
- dnsseed：使用 DNS 查找节点，默认为 1。
- externalip：制定自己的公共地址。
- forcednsseed：始终通过 DNS 查询节点地址，默认为 0。
- listen：接受来自外部的连接，默认为 1。
- listenonion：自动创建隐藏服务数，默认为 1。
- maxconnections：最多维护连接节点数，默认为 125。
- maxreceivebuffer：最大每连接接收缓存字节，默认为 10000。
- maxsendbuffer：最大每连接发送缓存字节，默认为 10000。
- maxtimeadjustment：null。
- onion：通过 Tor 在隐藏服务连接节点时使用不同的 SOCKS5 代理，默认为 proxy。
- onlynet：连接指定网络中的节点（IPv4、IPv6 或 onion）。
- permitbaremultisig：是否转发非 P2SH 格式的多签名交易，默认为 1。
- peerbloomfilters：支持利用布隆过滤器过滤区块和交易，默认为 1。
- port：监听 < 端口 > 上的连接，默认为 8333，测试网络 testnet 为 18333。
- proxy：通过 Socks4 代理连接指定网络中的节点（可选类型为：ipv4、ipv6 或 onion）。
- proxyrandomize：为每个代理连接随机化凭据。这将启用 Tor 流隔离，默认为 1。

- seednode：本地服务器和区块中制定服务器的时间差。本地的时间观可能受到向前或向后的同龄人的影响。默认为 4200 秒。
- timeout：设置连接超时，单位为毫秒。
- torcontrol：控制端口，默认为 127.0.0.1:9051。
- torpassword：控制密码，默认值是空。
- whitebind：当前节点绑定的 IP 地址。
- whitelist：服务器的白名单列表。
- maxuploadtarget：设置数据带宽上限，单位为 MiB/24h，默认值为 0。

3. 钱包参数

这类参数主要负责钱包相关的配置信息，bitcoind 包含如下钱包参数：

- disablewallet：不要加载钱包和禁用钱包的 RPC 调用。
- keypool：设置密匙池的大小，默认为 100。
- fallbackfee：当交易估算没有足够数据时，该交易费（BTC/kB）将被使用，默认为 0.0002。
- discardfee：每笔交易的费用。
- mintxfee：交易创建时，小于该交易费（BTC/kB）的被认为是零交易费，默认为 0.00001。
- paytxfee：发送的交易每 KB 的手续费。
- rescan：重新扫描货币块链以查找钱包丢失的交易。
- salvagewallet：启动时尝试从破坏的钱包文件 wallet.dat 中恢复私钥。
- spendzeroconfchange：付款时允许使用未确认的零钱，默认为 1。
- txconfirmtarget：如果未设置交易费用，则自动添加足够的交易费以确保交易在平均 n 个数据块内被确认，默认为 2。
- usehd：是否使用分层的密钥生成方式，只有在钱包创建 / 第一次启动时生效，默认为 1。
- upgradewallet：将钱包升级到最新的格式。
- wallet：指定钱包文件（数据目录内），默认为 wallet.dat。
- walletbroadcast：钱包广播事务处理，默认为 1。
- walletnotify：当最佳区块变化时执行命令（命令行中的 %s 会被替换成区块 Hash 值）。
- zapwallettxes：删除钱包的所有交易记录，且只有用 rescan 参数启动客户端才能重新取回交易记录（1 表示保留交易元数据，如账户所有者和支付请求信息；2 表示不保留交易元数据）。

4. 调试测试参数

这类参数主要用于系统的调试和测试，bitcoind 包含如下调试、测试类参数：

- uacomment：附加注释到 User Agent 字符串。
- debug：输出额外的调试信息。
- debugexclude：过滤相类别的调试信息，使得系统便于调试。
- help-debug：显示调试相关的选项。
- logips：在调试输出中包含 IP 地址，默认为 0。
- logtimestamps：调试信息前添加时间戳。
- maxtxfee：最大单次转账费用（BTC），设置太低可能会导致大宗交易失败，默认为 0.10。
- printtoconsole：发送跟踪 / 调试信息到控制台而不是 debug.log 文件。
- shrinkdebugfile：客户端启动时压缩 debug-log 文件（默认 no-debug 模式时为 1）。
- testnet：使用测试网络。

5. 节点参数

这类参数主要用于节点的设置，bitcoind 包含如下节点类参数：

- bytespersigop：在中继和挖矿时，交易中每个 sigop 的最小字节数，默认为 20。
- datacarrier：是否接受中继和挖矿的带外交易，默认为 1。
- datacarriersize：交易数据包的大小，默认为 83。
- mempoolreplacement：启用内存池交易替换，默认为 1。
- minrelaytxfee：当转发、挖矿和交易创建时，小于该设置的交易费（BTC/kB）被认为是 0，默认为 0.00001。
- whitelistrelay：非转发交易模式下也接受转发从白名单节点收到的交易，默认为 1。

6. 区块链类参数

这类参数主要用于区块相关的设置，bitcoind 包含如下区块相关参数：

- blockmaxweight：设置区块链的最大宽度。
- blockmaxsize：设置最大区块大小，默认为 750000，单位为字节。
- blockmintxfee：区块链中存储交易的费率。

7. RPC 服务器相关参数

这类参数主要用于 RPC 接口相关的设置，bitcoind 包含如下 RPC 服务器相关参数：

- server：允许接受 JONS-PRC 的命令。
- rest：接受公共 REST 请求，默认为 0。
- rpcbind：绑定到指定地址并监听 JSON-RPC 连接。IPv6 使用"[主机]: 端口"格式。该选项可多次指定，默认为绑定到所有接口。

- rpccookiefile：验证 cookie 的位置，默认为数据目录。
- rpcuser：JSON-RPC 连接使用的用户名。
- rpcpassword：JSON-RPC 连接使用的密码。
- rpcauth：JSON-RPC 连接时用的用户名和 Hash 密码。目录 share/rpcuser 下有一个权威的 Python 脚本可以使用。这个选项可以配置多次。
- rpcport：JSON-RPC 连接所监听的 < 端口 >，默认为 8332。
- rpcallowip：允许来自指定地址的 JSON-RPC 连接，可以绑定地址或者地址段。
- rpcthreads：设置 RPC 服务线程数，默认为 4。

A.6　本章小结

本章主要介绍了比特币系统的基本原理和使用方法，通过本章内容读者能对比特币的原理和使用方法有大概的认识，为后续章节的阅读打下基础。

附录 B

比特币的 bitcoin-cli 模块详解

bitcoin-cli 是比特币系统的核心模块，本章将详细介绍 bitcoin-cli 中的命令选项及其使用方法。本章最后会通过一个交易转账的例子来说明如何同通过 bitcoin-cli 模块进行实际操作。

B.1　bitcoin-cli 模块常用命令

bitcoin-cli 是比特币系统的核心模块。通过 bitcoin-cli 可以有效管理比特币系统，比特币系统提供的所有功能（包括 RESTAPI 接口相关的功能）及绝大多数操作都可以通过 bitcoin-cli 模块来完成管理。需要指出的是，bitcoin-cli 目前只支持管理本机的比特币系统，即 bitcoin-cli 模块只能和比特币系统运行在同一台机器中。

B.1.1　bitcoin-cli 初探

1. 运行 bitcoin-cli 的必要条件

首先我们通过几个常用的命令展示一下 bitcoin-cli 模块的功能特性。bitcoin-cli 模块运行的时候需要一些命令行选项，这些命令行选项中有一个特别重要——-datadir。-datadir 选项的值为当前比特币系统的运行目录。本例中 -datadir 的值采用 A.2.1 节中采用的配置文件中的 datadir 属性的值，因此本例中 bitcoin-cli 模块演示用的命令，必须基于 A.5.1 节中采用的配置文件启动 bitcoind 模块。在执行的下面的示例命令之前确保 bitcoind 模块已经启动。

2. 典型的 bitcoin-cli 命令

bitcoin-cli 模块的命令有很多，这里我们介绍几个常见的 bitcoin-cli 命令，通过这些命令的调用方式，让读者对 bitcoin-cli 模块有一个初步了解。

（1）获取区块信息

通过该命令可以获取当前比特币系统的区块信息，该命令的格式如下：

```
bitcoin-cli -datadir=/opt/bitcoin/bitdata getblockchaininfo
```

（2）获取网络信息

通过该命令可以获取当前比特币系统的网络信息，该命令的格式如下：

```
bitcoin-cli -datadir=/opt/bitcoin/bitdata getblockchaininfo
```

（3）获取当前节点的钱包信息

通过该命令可以获取当前与比特币系统钱包相关的信息，该命令的格式如下：

```
bitcoin-cli -datadir=/opt/bitcoin/bitdata getwalletinfo
```

（4）根据区块链高度获取相应区块的 Hash 值

通过该命令可以根据指定区块的区块号来获取该区块的 Hash 值，该命令的格式如下：

```
bitcoin-cli -datadir=/opt/bitcoin/bitdata getblockhash 0
```

（5）获取区块详细信息

通过该命令可以根据某个区块的 Hash 值获取该区块的详细信息，该命令的格式如下：

```
bitcoin-cli -datadir=/opt/bitcoin/bitdata getblock 000000000019d6689c085ae165831e934ff763ae46a2a6c172b3f1b60a8ce26f
```

getblock 方法的参数是区块链的 Hash 值，可以通过 getblockhash 方法获取区块链的 Hash 值。

B.1.2 bitcoin-cli 的命令及其选项

bitcoin-cli 模块提供了一组命令及其相应的命令选项来执行不行的功能，下面将分别介绍这些命令和选项及其相关的子命令。

1. bitcoin-cli 的命令选项

bitcoin-cli 的命令选项分为两大类，一般选项和 RPC 相关的选项。

（1）一般选项

- ?：显示命令帮助信息。

- conf：配置文件信息。
- datadir：bitcoind 数据文件目录。

（2）区块链和 RPC 相关选项
- testnet：使用测试链。
- regtest：使用测试链，在进行回归测试的时候使用。
- name：命名参数，默认为 false。
- rpcconnect：RPC 命令发出节点的 IP，默认为 127.0.0.1。
- rpcport：连接 JSON-RPC 服务的端口。
- rpcwait：等待 RPC 服务器启动。
- rpcuser：JSON-RPC 的用户名。
- rpcpassword：JSON-RPC 的密码。
- rpcclienttimeout：请求 JSON-RPC 的超时时间。
- stdin：额外的参数。
- rpcwallet：允许访问的 IP 地址。默认是只能本地访问；如果想要在其他机器访问，那么可以配置其他机器的地址；如果想要本机和其他机器都可以访问，可以设置为 -rpcallowip=::/0。

2. bitcoin-cli 的相关命令

通过 bitcoin-cli 的命令可以对当前比特币系统进行相关操作，比如关闭系统、发起交易、管理钱包等。通过下面的命令可以获取所有的 bitcoin-cli 模块的命令列表。

```
bitcoin-cli -datadir=/opt/bitcoin/bitdata help
```

bitcoin-cli 的命令分为区块链、系统控制、创建、挖矿、网络、交易、辅助、钱包等八个部分。

（1）bitcoin-cli 模块中区块链相关的命令
- getbestblockhash：获取主链中高度最大的区块的 Hash 值。
- getblock：根据区块编号获取区块信息。
- getblockchaininfo：获取区块链信息。
- getblockcount：获取当前系统中最长链的区块数。
- getblockhash：根据区块的 Hash 值获取区块的详细信息。
- getblockheader：根据指定的索引返回对应区块的头部信息。
- getchaintips：获取包括分叉链在内的所有区块链的最大区块信息。
- getdifficulty：获取当前的谜题的难度（最低难度的倍数）。
- getmempoolancestors：获取内存池对应 Hash 的信息，正序排列。

- getmempooldescendants：获取内存池对应 Hash 的信息，逆序排列。
- getmempoolentry：返回指定交易的内存数据。
- getmempoolinfo：返回内存池信息。
- getrawmempool：获取内存池中还没有打包的交易。
- gettxout：取得未动用的交易输出的详细信息。
- gettxoutproof：返回某个 txid 在某个块的证据。
- gettxoutsetinfo：获取未动用的交易统计信息。
- verifychain：验证区块链数据库。
- verifytxoutproof：验证 gettxoutproof 命令返回的证据。

（2）bitcoin-cli 模块中系统控制相关命令

- getinfo：返回一个包含当前客户端各种状态信息的对象。
- getmemoryinfo：返回容器中的内存使用信息。
- help：帮助服务。获得命令列表，或者指定命令的帮助。
- stop：停止比特币客户端服务。
- uptime：返回服务器的总运行时间。

（3）bitcoin-cli 模块中系统创建相关命令

- generate：立即生成 x 个块（仅用于回归测试模式）。
- generatetoaddress：立即生成 x 个块并发向地址 y（仅用于回归测试模式）。

（4）bitcoin-cli 模块中挖矿相关命令

- getblocktemplate：根据区块链和相关的数据构造一个有效的块。
- getmininginfo：返回当前的矿工信息。
- getnetworkhashps：获取估算的挖矿 Hash 算力。
- prioritisetransaction：提高挖矿时的交易被打包的优先级。
- submitblock：向网络提交新生成的块。

（5）bitcoin-cli 模块中网络相关命令

- addnode：新增节点。
- clearbanned：清理被禁的 IP。
- disconnectnode：立刻从指定节点断开。
- getaddednodeinfo：获取新增加节点信息。
- getconnectioncount：取得当前节点与其他节点的连接数。
- getnettotals：获取网络流量统计信息。
- getnetworkinfo：获取网络信息。
- getpeerinfo：获取和当前节点连接的其他节点的信息。

- listbanned：列出所有被禁用的 IP。
- ping：发送 ping 命令。
- setban：尝试在禁用列表中加入或删除节点。
- setnetworkactive：激活或者关闭 P2P 网络。

（6）bitcoin-cli 模块中交易相关命令

- combinerawtransaction：将多个部分签名交易合并为一个交易。
- createrawtransaction：创建原始交易。
- decoderawtransaction：将交易的二级制信息解析成 JSON 格式。
- decodescript：解码脚本。
- fundrawtransaction：向 createrawtransaction 创建的交易里添加 input 直到满足。
- getrawtransaction：取得原始交易信息，返回指定的交易 ID。
- sendrawtransaction：发布原始交易（序列化的十六进制编码）到本地节点和网络。
- signrawtransaction：对原始交易签名并返回签名后的交易信息。

（7）itcoin-cli 模块中辅助相关命令

- createmultisig：创建一个多重签名的地址，并返回一个 JSON 对象。
- estimatefee：评估达到 n 个块确认的交易费。
- signmessagewithprivkey：用私钥签名消息。
- validateaddress：验证一个地址是否有效。
- verifymessage：验证签名后信息是否与指定地址的私钥签名的信息一致。

（8）bitcoin-cli 模块中钱包相关命令

- abandontransaction：启用交易，从而使交易的输入再次变得可用。
- addmultisigaddress：在钱包里添加一个多重签名地址。
- addwitnessaddress：添加隔离认证地址。
- backupwallet：备份钱包中的数据到文件，默认文件为 wallet.dat。
- dumpprivkey：导出钱包地址对应的私钥。需要未锁定钱包。
- dumpwallet：dump 钱包中的数据到指文件中。
- getaccount：返回指定地址相关联的账户。
- getaccountaddress：返回指定账户的款地址，每次执行都会为指定账户创建一个的新的地址。
- getaddressesbyaccount：返回指定账户关联的所有地址列表。
- getbalance：取得账户余额。
- getnewaddress：创建并返回一个新的地址，用于接收付款。
- getrawchangeaddress：生成一个找零地址。

- getreceivedbyaccount：取得账户收款金额。
- getreceivedbyaddress：返回指定地址上收到的交易总金额。
- gettransaction：根据交易的 Hash 值返回交易详情。
- getunconfirmedbalance：获取未确认的余额。
- getwalletinfo：获取钱包信息。
- importaddress：导入地址。
- importprivkey：导入外部私钥到当前钱包中。
- importpubkey：导入公钥。
- importwallet：从 backupwallet 命令备份的文件中恢复钱包数据。
- keypoolrefill：重新填满密钥池。需要未锁定钱包。
- listaccounts：获取当前钱包的地址列表。
- listaddressgroupings：获取钱包上的所有地址信息。
- listlockunspent：列出锁定的暂时未动用的交易输出列表。
- listreceivedbyaccount：列出账户的收款账户信息，返回一个数组对象。
- listreceivedbyaddress：列出地址的收款信息地址，返回一个数组对象。
- listsinceblock：列出指定块之后的交易信息。
- listtransactions：返回指定账户不包含前次的最近交易。如果未指定账户则返回所有账户的最近交易。
- listunspent：返回钱包中未动用交易输入的数组。
- lockunspent：锁定未动用输出交易，更新暂时未动用的交易输出列表。
- move：转账账户。
- removeprunedfunds：从钱包中删除指定交易。
- sendfrom：从账户付款交易。
- sendmany：向多个地址付款交易。
- sendtoaddress：付款交易。
- setaccount：将地址关联到指定账户。如果该地址已经被关联到指定账户，则将创建一个新的地址与该账户关联。
- settxfee：设定交易费。交易交易费是一个四舍五入至小数点后 8 位的实数。
- signmessage：用地址的私钥对信息进行数字签名。需要未锁定钱包。
- walletlock：从内存中删除钱包的加密 KEY，锁定钱包。调用此方法后，您将需要再次调用 walletpassphrase 方法，才能够调用其他需要未锁定钱包的方法。
- walletpassphrase：钱包解锁。把钱包的密码存储在内存中持续的时间。
- walletpassphrasechange：修改钱包密码。

B.2　bitcoin-cli 发起交易

本节中我们将利用 bitcoin-cli 模块来完成一个完整的比特币交易。为了体验真实性，本例中的交易运行在真实的比特币系统里面。每笔交易都是真实的比特转账，因此会产生相关的费用，这些费用都需要用真实的比特币来支付。如果读者没有相关的资源可以通过测试网络来完成这些操作。在测试网络中进行操作只需要在下面的所有命令中增加参数 -regtest 即可。

在执行下面的操作之前，请确保整个系统已经按照 A.5.1 节中的步骤顺利启动 bitcoind 模块并且已经同步了完整的交易数据（如果是测试模式，则可以忽略该步骤）。

通过 bitcoin-cli 模块完成一笔交易需要如下步骤。

第一步：对钱包进行加密并设置密码。

```
bitcoin-cli -datadir=/opt/bitcoin/bitdata encryptwallet a123456
```

上述命令中的"a123456"为钱包的密码，读者在演示的时候可以设置任意密码，但是一定要记住，后面会需要这个密码。

第二步：创建账号地址。

```
bitcoin-cli -datadir=/opt/bitcoin/bitdata getnewaddress
```

上述命令需要执行三次，需要牢记其中涉及的这三个地址。本例中的三个地址如下：

```
129Kz4HtCCsUX1nJynSxVaXH6S3NQCxVyD
18kH4DYyEjoyBLXWaaxbHTeDsn7CBAskfD
15xc46B1PfqG6CWUTNfjTmqoUu2722qVmJ
```

这三个地址是真实的比特币钱包地址，里面依然有比特币，读者可以通过网站 https://btc.com 来查询作者验证的记录。特别要注意的是，读者一定要用第二步生成的地址来完成后面的操作。

第三步：查询本地钱包的余额。

```
bitcoin-cli -datadir=/opt/bitcoin/bitdata listunspent
```

正常情况应该是没有任何记录的，因为本地的钱包刚刚生成而且没有任何交易记录。

第四步：给本地钱包转账。

如果读者是在测试链中执行，那么请忽略这一步直接执行后面的步骤，但是应在下面的命令中增加参数 -regtest。如果读者准备在真实的比特币系统中执行下面的步骤，可以通过其他渠道给第二步生成的地址中的其中一个地址转入比特币。主意：转账成功之后等 10～20 分钟后才能在本地的系统发现这些交易数据。执行第三步的命令后在作者的本地系统中显示的信息如下：

```
bitcoin-cli -datadir=/opt/bitcoin/bitdata listunspent

[
    {
        "txid": "c2892f95603384d12cb92cd0a5cf745b48cb5f6f5881c2e664a390f3a8ce381d",
        "vout": 0,
        "address": "15xc46B1PfqG6CWUTNfjTmqoUu2722qVmJ",
        "account": "",
        "scriptPubKey": "76a9143664a45b9c256ac1c0b160472ce26c69baa6e0a088ac",
        "amount": 0.00526000,
        "confirmations": 7656,
        "spendable": true,
        "solvable": true,
        "safe": true
    },
    {
        "txid": "c2892f95603384d12cb92cd0a5cf745b48cb5f6f5881c2e664a390f3a8ce381d",
        "vout": 1,
        "address": "1L5Fmma1mHXcZH1cYJbWrrF93GQRJRhM78",
        "account": "",
        "scriptPubKey": "76a914d138627a09cffdc006ef51c5c33e0464a46e52ad88ac",
        "amount": 0.00030000,
        "confirmations": 7656,
        "spendable": true,
        "solvable": true,
        "safe": true
    },
    {
        "txid": "0a739b9f33380ec7cb2eb3b9179928c2146b4fc3a54a7da1816ba004111b79db",
        "vout": 1,
        "address": "18kH4DYyEjoyBLXWaaxbHTeDsn7CBAskfD",
        "account": "",
        "scriptPubKey": "76a91454f82b54c82904451023ad3659f448f2ba5d963d88ac",
        "amount": 0.00001000,
        "confirmations": 8551,
        "spendable": true,
        "solvable": true,
        "safe": true
    }
]
```

如果没有显示记录，可能是交易记录还没有同步过来，不要着急，稍等一会即可。

第五步：创建交易。

比特的交易基于 UTXO 原则，又称为未花费过的交易输出。每一笔交易都有来源和输出，创建一笔交易之前首先要确定来源。通过命令 bitcoin-cli -datadir=/opt/bitcoin/bitdata listunspent 我们可以获取当前钱包余额，这些余额实际上是当前钱包收到的转账交易。我们从这些交易中选择一个满足我们要求的交易来作为来源交易。创建交易的命令如下所示：

```
bitcoin-cli -datadir=/opt/bitcoin/bitdata    createrawtransaction '[{"txid" :
"c2892f95603384d12cb92cd0a5cf745b48cb5f6f5881c2e664a390f3a8ce381d", "vout" : 0}]'
'{"129Kz4HtCCsUX1nJynSxVaXH6S3NQCxVyD": 0.00521000,"18kH4DYyEjoyBLXWaaxbHTeDsn7CBA
skfD":0.00004}'
```

上面命令涉及的参数如下：

- txid：来源交易的编号。
- vout：来源交易中的 vout 值。
- 最后一个中括号中的内容是交易的输出。

上面命令可以理解为：比特地址 15xc46B1PfqG6CWUTNfjTmqoUu2722qVmJ 中存有 0.00526000 个比特币，我们发起一笔交易，把这个 0.00526 个比特币分布转给两个地址，其中 18kH4DYyEjoyBLXWaaxbHTeDsn7CBAskfD 获取了 0.00521 个比特币，18kH4DYyEjoyBLXWaaxbHTeDsn7CBAskfD 获取了 0.00004 个比特币，剩下的 0.00001 个比特币作为手续费奖励给矿工。

上诉命令的结果如下：

```
02000000011d38cea8f390a364e6c281586f5fcb485b74cfa5d02cb92cd1843360952f89c20000
000000ffffffff0228f30700000000001976a9140c8b4ce0b33d041a3e114b659978fd2646774a9688
aca00f0000000000001976a91454f82b54c82904451023ad3659f448f2ba5d963d88ac00000000
```

第六步：打开钱包准备转账。

```
bitcoin-cli -datadir=/opt/bitcoin/bitdata walletpassphrase a123456    3600
```

第七步：对交易进行签名。

```
bitcoin-cli -datadir=/opt/bitcoin/bitdata  signrawtransaction 02000000011d38ce
a8f390a364e6c281586f5fcb485b74cfa5d02cb92cd1843360952f89c20000000000ffffffff0228f3
0700000000001976a9140c8b4ce0b33d041a3e114b659978fd2646774a9688aca00f000000000001
976a91454f82b54c82904451023ad3659f448f2ba5d963d88ac00000000
```

上面命令涉及的参数

signrawtransaction：该参数的值为第五步的执行结果。

上述命令执行的结果如下：

```
{
    "hex": "02000000011d38cea8f390a364e6c281586f5fcb485b74cfa5d02cb92cd1843360
952f89c2000000006a47304402205ea2cec0c17a931644e5e7b74c4ec2105bbc064fbae138a6e0b559
c317231d3b02204e5ebc31f190e419733729b0b9162d00baa76fa59940017acffea7f32be8bd5c0121
021c296178856ff484cb6805556190332983b07673066592bca4398e3d43f4a49bffffffff0228f307
00000000001976a9140c8b4ce0b33d041a3e114b659978fd2646774a9688aca00f000000000001976
a91454f82b54c82904451023ad3659f448f2ba5d963d88ac00000000",
    "complete": true
}
```

第八步：发送交易。

```
bitcoin-cli -datadir=/opt/bitcoin/bitdata sendrawtransaction    02000000011d38
cea8f390a364e6c281586f5fcb485b74cfa5d02cb92cd1843360952f89c2000000006a47304402205e
a2cec0c17a931644e5e7b74c4ec2105bbc064fbae138a6e0b559c317231d3b02204e5ebc31f190e419
733729b0b9162d00baa76fa59940017acffea7f32be8bd5c0121021c296178856ff484cb6805556190
332983b07673066592bca4398e3d43f4a49bffffffff0228f30700000000001976a9140c8b4ce0b33d
041a3e114b659978fd2646774a9688aca00f0000000000001976a91454f82b54c82904451023ad3659
f448f2ba5d963d88ac00000000
```

sendrawtransaction 命令后面的参数为第七步结果中 hex 字段的值。

该命令的返回值如下：

```
0a739b9f33380ec7cb2eb3b9179928c2146b4fc3a54a7da1816ba004111b79db
```

这是交易的地址，一般过 10 分钟左右交易完成。

B.3 本章小结

本章主要介绍了比特币系统中 bitcoin-cli 模块的功能、子命令及其命令选项，熟悉并熟练使用 bitcoin-cli 模块对了解和操作比特币系统非常重要。

附录 C

比特币系统的编程接口

比特币系统提供了基于 RESTAPI 的编程接口,这样能够突破语言的限制。任何语言只要能够支持 HTTP 协议,都能够无缝地和比特币系统完美结合。本章重点介绍比特币系统的 RESTAPI 接口提供的功能和调用方法。

C.1 比特币 RESTAPI 接口的启动

C.1.1 快速启动一个 RESTAPI 的调用实例

bitcoind 模块启动的时候需要设置相关的参数才能顺利开启 RESTAPI 并给外部程序调用。在 bitcoind 模块中,以下参数是和 JSONRPC 接口密切相关的。

- rest:rest 有两个值,即 0 和 1,当 rest 设置为 1 的时候表示允许外部的 RESTAPi 请求,当值为 0 的时候表示不允许 RESTAPI 请求。
- rpcuser:RESTAPI 接口的账号。
- rpcpassword:RESTAPI 接口的密码。
- rpcport:RESTAPI 接口的端口号。
- rpcallowip:允许访问 RESTAPI 远程主机的 IP 地址。

bitcoind 模块中 RESTAPI 相关的参数可以通过配置文件或者命令选项的方式生效。
如果通过命令选项设置 RESTAPI 相关参数,则启动命令如下:

bitcoind -rest -rpcport=33133 -rpcuser=root -rpcpassword=111111 -rsdflkpcallowip=::/0

如果通过配置文件设置 RESTAPI 相关参数，则配合文件需要添加如下内容：

```
rest=1
rpcuser=root
rpcpassword=111111
rpcport=33133
rsdflkpcallowip=::/0
```

以上配置只是启动 bitcoind 的 RESTAPI 服务的基本属性，如果需要其他功能，还要进行其他配置，具体可以参考附录 B 相关内容。

配置完成之后启动 bitconind 模块，启动完成之后可以通过以下命令测试 RESTAPI 服务启动是否成功。

获取区块信息：

```
curl  --data-binary '{"jsonrpc": "1.0", "id":"curltest", "method": "getblockchaininfo", "params": [] }'  -H 'content-type: text/plain;' http://root:111111@127.0.0.1:33133/
```

获取网络信息：

```
curl  --data-binary '{"jsonrpc": "1.0", "id":"curltest", "method": "getnetworkinfo", "params": [] }'  -H 'content-type: text/plain;' http://root:111111@127.0.0.1:33133/
```

获取当前节点的钱包信息：

```
curl  --data-binary '{"jsonrpc": "1.0", "id":"curltest", "method": "getwalletinfo", "params": [] }'  -H 'content-type: text/plain;' http://root:111111@127.0.0.1:33133/
```

根据区块链高度获取相应区块的 Hash 值：

```
curl  --data-binary '{"jsonrpc": "1.0", "id":"curltest", "method": "getblockhash", "params": [0] }'  -H 'content-type: text/plain;' http://root:111111@127.0.0.1:33133/
```

获取区块详细信息：

```
curl --data-binary '{"jsonrpc": "1.0", "id":"curltest", "method": "getblock", "params": ["000000000019d6689c085ae165831e934ff763ae46a2a6c172b3f1b60a8ce26f"] }' -H 'content-type: text/plain;' http://root:111111@127.0.0.1:33133/
```

如果上述信息执行成功，则说明 bitcoind 模块 RESTAPI 接口已经顺利启动。

C.1.2　RESTAPI 的请求参数和返回结果

通过上面的例子我们可以发现，比特币的 RESTAPI 接口已提交给服务器的参数并被封装在一个 JSON 文件中，返回的值的也是封装在一个 JSON 文件中。本节将详细介绍 JSON

文件的格式。

1. 请求参数的格式

bitcoind 模块 RESTAPI 接口的请求参数中包含的参数选项如表 C-1 所示。

表 C-1 bitcoind 模块 RESTAPI 接口请求接口参数表

参数名称	类型	是否必须	说明
jsonrpc	String	可选择	版本号信息
id	String	可选择	请求编号，返回信息中包含这个值
method	String	必须	请求方法
params	object	必须	请求方法的参数

2. 返回数据的格式

bitcoind 模块 RESTAPI 接口返回结果中包含的参数选项如表 C-2 所示。

表 C-2 bitcoind 模块 RESTAPI 接口返回结果参数表

参数名称	类型	是否必须	说明
result	any	必须	请求结果
error	object	必须	错误内容
code	number	必须	错误编号
message	string	必须	错误描述信息
id	string	必须	请求方法的 ID 值

返回结果中的 code 值可以在 bitcoind 的源码中获取详细的说明，相关源码的路径为 https://github.com/bitcoin/bitcoin/blob/f914f1a746d7f91951c1da262a4a749dd3ebfa71/src/rpcprotocol.h。

C.2 通过 API 接口发起交易

RESTAPI 提供的功能和 bitcoin-cli 模块是完全一样的，只不过 RESTAPI 通常是提供给第三方的程序调用。本节将演示如果通过 RESTAPI 接口完成比特币交易。在执行下面的操作之前，请确保整个系统已经按照 A.5.1 节中的步骤顺利启动 bitcoind 模块并且已经同步了完整的交易数据。

第一步：获取历史记录。

```
curl --data-binary '{"jsonrpc": "1.0", "id":"mycurltest", "method":
```

"listunspent", "params": [] }' -H 'content-type: text/plain;' http://root:111111@192.168.23.228:33133/

第二步：创建交易。

    curl   --data-binary '{"jsonrpc": "1.0", "id":"mycurltest", "method": "createrawtransaction", "params": ["[{\"txid\" : \"8396ba534fa59c01bff84b6db41e1f4ec7c3ff5bc4e310334ca9b571b065f113\", \"vout\":0}]
","{\"15xc46B1PfqG6CWUTNfjTmqoUu2722qVmJ\": 0.00526,\"1L5Fmma1mHXcZH1cYJbWrrF93GQRJRhM78\":0.0003}"] }' -H 'content-type: text/plain;' http://root:111111@192.168.23.228:33133/

第三步：解锁钱包。

    curl   --user root:111111 --data-binary '{"jsonrpc": "1.0", "id":"curltest", "method": "walletpassphrase", "params": ["a123456", 3600] }' -H 'content-type: text/plain;' http://192.168.23.228:33133/

第四步：创建交易。

    curl   --data-binary '{"jsonrpc": "1.0", "id":"mycurltest", "method": "createrawtransaction", "params": ["[{\"txid\" : \"8396ba534fa59c01bff84b6db41e1f4ec7c3ff5bc4e310334ca9b571b065f113\", \"vout\":0}]
","{\"15xc46B1PfqG6CWUTNfjTmqoUu2722qVmJ\": 0.00526,\"1L5Fmma1mHXcZH1cYJbWrrF93GQRJRhM78\":0.0003}"] }' -H 'content-type: text/plain;' http://root:111111@192.168.23.228:33133/

第五步：解锁钱包准备转账。

    curl   --user root:111111 --data-binary '{"jsonrpc": "1.0", "id":"curltest", "method": "walletpassphrase", "params": ["a123456", 3600] }' -H 'content-type: text/plain;' http://192.168.23.228:33133/

第六步：对交易进行签名。

    curl   --user root:111111 --data-binary '{"jsonrpc": "1.0", "id":"curltest", "method": "signrawtransaction", "params": ["020000000113f165b071b5a94c3310e3c45bffc3c74e1f1eb46d4bf8bf019ca54f53ba96830000000000ffffffff02b0060800000000001976a9143664a45b9c256ac1c0b160472ce26c69baa6e0a088ac30750000000000001976a914d138627a09cffdc006ef51c5c33e0464a46e52ad88ac00000000"] }' -H 'content-type: text/plain;' http://192.168.23.228:33133/

第七步：发送交易。

    curl   --user root:111111 --data-binary '{"jsonrpc": "1.0", "id":"curltest", "method": "sendrawtransaction", "params": ["020000000113f165b071b5a94c3310e3c45bffc3c74e1f1eb46d4bf8bf019ca54f53ba9683000000006a47304402200209f18fc3253f837e8650b91cb436dedea5a1687187bc9f3c921041ddf49fcf02203da625fd0016519e3a7a12a6f002208bd854ee870cd4c3815a49811bf10e26de012102d7f43819cdfd85bc80093255fc6f2fbd36b61e6aeadaaba2d725057f4b667f8effffffff02b0060800000000001976a9143664a45b9c256ac1c0b160472ce26c69baa6e0a088ac30750000000000001976a914d138627a09cffdc006ef51c5c33e0464a46e52ad88

```
ac00000000"] }' -H 'content-type: text/plain;' http://192.168.23.228:33133/
```

比特币的 RESTAPI 接口使得任何编程语言只要支持 HTTP 协议都可以非常简单地访问比特币系统，从而有效避免了客户端因编程语言多样性带来的各种问题。

C.3　本章小结

本章主要介绍了比特币 RESTAPI 接口的功能特性和调用方法，比特币 RESTAPI 接口是比特币系统提供的对外接口，熟悉比特币 RESTAPI 接口的使用方法有助于开发基于比特币的第三方应用。

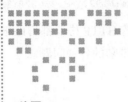

附录 D

比特币系统客户端项目实战

本章将创建一个简单的比特币系统的客户端应用，通过阅读本章内容，读者可以了解如何通过比特币系统提供的 JSON-RPC 接口开发应用程序。

D.1 项目背景

比特币系统中的 bitcoin-cli 模块提供的基于命令行的接口可用于操作比特币系统，但是命令行接口只能在本机操作比特币系统，而且需要一定的专业技能，最关键的是命令的行接口无法方便地和第三方应用结合。bitcoind 模块提供了 JSON-RPC 接口，通过这些 JSON-RPC 接口，只有能支持 HTTP 协议的编程语言都和非常容易的和比特币系统进行交互。本例将基于 bitcoind 模块的 JSON-RPC 接口开发一个基于浏览器的 Web 应用程序，通过这个 Web 应用只要通过浏览器即可完成相关对比特币系统的相关操作。

限于本书篇幅的限制本例仅仅选取几个典型的操作场景，这些操作场景如下：

- 获取当前比特币系统的区块信息。
- 获取当前比特币系统的网络信息。
- 获取当前钱包信息。
- 根据区块的高度获取区块链的 Hash 值。
- 根据区块的 Hash 值，获取区块链的详细信息。

为了和前面的示例统一，本例依然采用 Nodejs 作为开发语言。

D.2 项目实施过程

运行本例之前首先请按照附录 A 的内容安装并且启动了一个比特币系统。注意：在启动的过程中需要按照附录 A 的内容打开比特币系统的 JSONRPC 接口。启动完成之后按照下列步骤完成示例项目。

1. 项目准备

在本例中会用 Nodejs 的 express 框架作为 Web 框架，因此在项目开始之前需要通过 npm 工具安装 express 框架的相关包。安装前先进入项目的目录，然后执行以下安装命令：

```
npm install express
```

执行完成之后，express 模块的相关依赖包会被安装在项目文件中的 node_modules 文件夹中。

2. 比特币 JSONRPC 接口的封装

比特币的 JSONRPC 接口的调用比较简单，我们将相关的操作封装在一个接口中，这样更便于调用。我们将这个接口的源代码文件命名为 bitcoindservice.js，接口的源代码如下：

```
var http=require('http');
var querystring=require('querystring');
var url   = require('url')


var bithttppost = function (posturl,port,postData,username,passwd) {

    var postDatastr=JSON.stringify(postData);

    var urlObj = url.parse(posturl)

    var loginstring = username + ":" + passwd;

    var loginstringbuf = new Buffer( loginstring );
    var cred = loginstringbuf.toString('base64');


    var options={
        hostname:urlObj.hostname,
        port:port,
        path: urlObj.pathname,
        method:'POST',
        headers:{

            'Content-Type':'text/plain',
            'Content-Length':Buffer.byteLength(postDatastr),
```

```javascript
            'Authorization': `Basic ${cred}`
        }
    }

    return httppost(options,postDatastr);

}


var httppost = function (options,postData) {

    return new Promise(( resolve,reject)=>{


        var buffers = [];
        var req=http.request(options, function(res) {

            res.on('data',function(reposebuffer){
                buffers.push(reposebuffer);
            });
            res.on('end',function(){
                var wholeData = Buffer.concat(buffers);
                var dataStr = wholeData.toString('utf8');
                resolve(dataStr)
            });

            res.on('error',function(err){
                reject(err);
            });

        });
        req.write(postData);
        req.end();

    })


}

exports.httppost =httppost;
exports.bithttppost = bithttppost;
```

上述代码封装了对比特币系统JSON-RPC API的底层操作，如需要使用，则直接引入该模块并调用模块的相关方法即可。

3. Web 界面相关的代码

现在可以开发 Web 服务相关的代码了，我们将 Web 服务的相关源代码保存在名为 bitmain.js 的文件中。代码内容如下：

```javascript
var co = require('co');
var bitcoindservice = require('./bitcoindservice')
var express = require('express');


var app = express();


var bitcoind_host = "http://192.168.23.212";
var bitcoind_port = 33133;
var bitcoind_username = "root";
var bitcoind_passwd = "111111";

// 获取当前比特币系统的区块信息

app.get('/getblockchaininfo', function (req, res) {

    co( function * () {

        var bitcommand = {"jsonrpc": "1.0", "id":"curltest", "method": "getblockchaininfo", "params": [] };
        let content = yield bitcoindservice.bithttppost(bitcoind_host, bitcoind_port, bitcommand ,bitcoind_username,bitcoind_passwd);
        res.send( content );


    }).catch((err) => {
        res.send(err);
    })

});


// 获取当前比特币系统的网络信息
app.get('/getnetworkinfo', function (req, res) {

    co( function * () {

        var bitcommand = {"jsonrpc": "1.0", "id":"curltest", "method": "getnetworkinfo", "params": [] };
        let content = yield bitcoindservice.bithttppost(bitcoind_host, bitcoind_port , bitcommand ,bitcoind_username,bitcoind_passwd);
        res.send( content );


    }).catch((err) => {
```

```
            res.send(err);
        })


    });


    // 获取当前的钱包信息
    app.get('/getwalletinfo', function (req, res) {

        co( function * () {

            var bitcommand = {"jsonrpc": "1.0", "id":"curltest", "method":
"getwalletinfo", "params": [] };
            let content = yield bitcoindservice.bithttppost(bitcoind_host, bitcoind_
port , bitcommand ,bitcoind_username,bitcoind_passwd);
            res.send( content );


        }).catch((err) => {
            res.send(err);
        })


    });


    // 根据区块的高度获取区块链的 Hash 值
    app.get('/getblockhash', function (req, res) {

        co( function * () {

            var bitcommand = {"jsonrpc": "1.0", "id":"curltest", "method":
"getblockhash", "params": [0] };
            let content = yield bitcoindservice.bithttppost(bitcoind_host, bitcoind_
port , bitcommand ,bitcoind_username,bitcoind_passwd);
            res.send( content );


        }).catch((err) => {
            res.send(err);
        })


    });


    // 根据区块的 Hash 值，获取区块链的详细信息
    app.get('/getblock', function (req, res) {
```

```
    co( function * () {
        var bitcommand = {"jsonrpc": "1.0", "id":"curltest", "method": "getblock",
"params": ["000000000019d6689c085ae165831e934ff763ae46a2a6c172b3f1b60a8ce26f"] };
        let content = yield bitcoindservice.bithttppost(bitcoind_host, bitcoind_
port , bitcommand ,bitcoind_username,bitcoind_passwd);
        res.send( content );


    }).catch((err) => {
        res.send(err);
    })


});


// 启动 HTTP 服务
var server = app.listen(3000, function () {
    var host = server.address().address;
    var port = server.address().port;

    console.log('Example app listening at http://%s:%s', host, port);
});


// 注册异常处理器
process.on('unhandledRejection', function (err) {
    console.error(err.stack);
});

process.on(`uncaughtException`, console.error);
```

现在可以启动这个简单的客户端程序了，启动命令如下：

node bitmain.js

启动成功之后可以在浏览器中输入以下网址进行相关的操作，相关功能的请求地址如下所示：

```
// 获取当前比特币系统的区块信息
http://localhost:3000/getblockchaininfo

// 获取当前比特币系统的网络信息
http://localhost:3000/getnetworkinfo


// 获取当前钱包信息
```

```
http://localhost:3000/getwalletinfo

// 根据区块的高度获取区块链的 Hash 值
http://localhost:3000/getblockhash

// 根据区块的 Hash 值，获取区块链的详细信息
http://localhost:3000/getblock
```

至此，一个简单的 bitconind 管理客户端就开发完成了。

D.3 本章小结

通过对本章内容的学习，读者可以熟悉如何通比特币系统提供的 JSONRPC 接口在第三方应用程序中调用比特币系统的相关功能。虽然本例使用 Nodejs 语言开发，但是因为 HTTP 协议是使用非常广泛的协议，几乎所有语言对其都提供了很好的支持，所以使用其他语言进行开发也非常简单。

附录 E

区块链相关术语

- Block（区块）：在区块链网络上承载永久记录数据的包。
- Blockchain（区块链）：一个共享的分布式账本，其中交易通过附加块永久记录。区块链作为所有交易的历史记录，从发生块到最新的块都包含其中，因此命名为 blockchain（区块链）。
- Block Height（区块高度）：连接在区块链上的块数。
- Block Reward（积分奖励）：它是对在采矿期间成功计算区块中 Hash 的矿工的一种激励形式。在区块链上进行交易验证的过程中会产生新的币，矿工会获得其中的一部分作为奖励。
- Central Ledger（中央账簿）：由中央机构维持的分类账。
- Confirmation（确认）：去中心化的一次交易。
- Consensus（共识）：当所有网络参与者同意交易的有效性时，可达成共识，确保分布式账本是彼此的精确副本。
- Cryptocurrency（加密货币）：也称为令牌，加密货币是数字资产的呈现方式。
- Cryptographic Hash Function（加密哈希函数）：密码 Hash 产生从可变大小交易输入固定大小和唯一 Hash 值。SHA-256 算法是加密散列的一个例子。
- DApp（去中心化应用）：DApp（去中心化应用程序）是一种开源的应用程序，自动运行，将其数据存储在区块链上，以密码令牌的形式激励，并以显示有价值证明的协议进行操作。
- DAO（去中心化自治组织）：去中心化自治组织可以被认为是在没有任何人为干预的

情况下运行的公司，并将一切形式的控制权交给一套不可破坏的业务规则。

- **Distributed Ledger（分布式账本）**：数据通过分布式节点网络进行存储。分布式账本不是必须具有自己的货币，它可能会被许可和私有。
- **Distributed Network（分布式网络）**：处理能力和数据分布在节点上，且没有集中式数据中心的一种网络。
- **Difficulty（容易程度）**：指成功挖掘交易信息的数据块的难易程度。
- **Digital Signature（数字加密）**：通过公钥加密生成的数字代码，附加到电子传输的文档以验证其内容和发件人的身份。
- **Double Spending（双重支付）**：当花费一笔钱多于一次支付限额时，就会发生双重支付。
- **Genesis Block（创世区块）**：区块链上的第一个区块。
- **Hard Fork（硬分支）**：一种使以前无效的交易变为有效的分支类型，反之亦然。这种类型的分支需要所有节点和用户升级到最新版本的协议软件。
- **Hash（哈希）算法**：将任意长度的输入值映射为较短的固定长度的二进制值。数据的Hash值可以检验数据的完整性，一般用于快速查找和加密算法。Hash算法广泛应用于区块链中，比如Merkle树、以太坊账户地址、比特币地址、POW算法等。
- **Hybrid POS/POW（混合POS / POW）**：POW（Proof of Work，工作证明）是指获得多少货币，取决于挖矿贡献的工作量，电脑性能越好，分得的矿就越多。POS（Proof of Stake，股权证明）根据持有货币的量和时间进行利息分配的制度，在POS模式下，你的"挖矿"收益正比于你的币龄，而与电脑的计算性能无关。混合POS/POW可以将网络上的共享分发算法作为共享证明和工作证明。在这种方法中，可以实现矿工和选民（持有者）之间的平衡，由内部人（持有人）和外部人（矿工）创建一个基于社区的治理体系。
- **Merkle Tree（默克尔树）**：Merkle树在分布式环境下进行验证、文件对比时应用较多。区块链系统采用二叉树型的Merkle树对这些交易进行归纳表示，同时生成该交易集合的数字签名。Merkle树支持快速归纳和校验区块中交易的完整性与存在性。
- **Multi-Signature（多重签名）**：多重签名，可以简单理解为一个数字资产的多个签名。多重签名预示着数字资产可由多人支配和管理。在加密货币领域，如果要动用一个加密货币地址的资金，通常需要该地址的所有人使用他的私钥（由用户专属保护）进行签名。那么多重签名，就是动用这笔资金需要多个私钥签名，通常这笔资金或数字资产会保存在一个多重签名的地址或账号里。
- **Node（节点）**：由区块链网络的参与者操作的分类账的副本。
- **Oracle（预言机）**：向智能合约提供数据，它是现实世界和区块链之间的桥梁。

- **Public Address（公用地址）**：即公钥的密码 Hash 值，其是可以在任何地方发布的电子邮件地址，与私钥不同。
- **Private Key（私钥）**：是一串数据，它允许用户访问特定钱包中的令牌。它们作为密码，除了地址的所有者之外，其他人均不可见。
- **POW（工作量证明）**：比特币系统利用 POW 机制使系统各节点最终达成共识，进而得到最终区块。这里的工作是指找到一个合理的区块 Hash 值，需要不断进行大量计算。
- **POS（股权证明）**：权益证明机制，这种机制根据货币持有量和时间来分配相应的利息，不足的地方是因为没有消耗大量算力导致货币价值来源难以确定。
- **Scrypt**：一种 Litecoin 使用的加密算法。与 SHA256 相比，它的速度更快，因为它不会占用很多处理时间。
- **SHA-256**：比特币等数字货币使用的加密算法。然而，它使用了大量的计算能力和处理时间，迫使矿工组建采矿池以获取收益。
- **Smart Contracts（智能合约）**：智能合约将可编程语言的业务规则编码到区块上，并由网络的参与者实施。
- **Soft Fork（软分支）**：软分支与硬分支不同之处在于，只有先前有效的交易才能使其无效。由于旧节点将新的块识别为有效，所以软分支基本上是向后兼容的。这种分支需要大多数矿工升级才能执行，而硬分支需要所有节点与新版本达成一致。
- **Testnet**：开发商使用的测试区块链，它主要是用来防止改变主链上的资产。
- **Transaction Block（交易区块）**：聚集到一个块中的交易的集合，可以将其散列并添加到区块链中。
- **Transaction Fee（手续费）**：所有的加密货币交易都会涉及一笔很小的手续费。向以太坊网络发送交易是需要附带一笔交易费用，这笔费用是矿工帮助网络打包交易的奖励。
- **Turing Complete（图灵完备）**：指机器执行任何其他可编程计算机能够执行计算的能力，比如 Ethereum 虚拟机（EVM）。
- **Wallet（钱包）**：一个包含私钥的文件。它通常包含一个软件客户端，允许访问、查看和创建钱包所涉及的特定块链的交易。

后　　记

　　虽然到这里本书已经写完了，但是区块链技术落地依旧任重道远。如果读者在看到这里的时候，已经成功部署了感兴趣的区块链平台，并且已经能够基于相关的平台进行简单的应用开发，那么笔者向您表示祝贺，您总算在区块链技术落地的道路上前进了一大步。

　　本书重点介绍了以太坊和比特币这两个非常具有代表性的区块链技术平台，这两个平台是开源项目，读者可自由下载相关代码。本书的所有示例都经过测试，均可在本书中指定的环境中正确运行。但是从本书完稿到本书正式上市的这段时间内，这些开源平台依然处于变化中，其代码一直在更新，因此可能会导致一些命令和示例程序无法正确运行，这是开源项目无法避免的事实，同时也是开源项目的魅力所在。为了解决这种问题，笔者和中国最大的区块链技术社区——区块链兄弟（http://www.blockchainbrother.com/）合作，开设了专门的板块用于发布与本书内容相关的最新信息，我们会及时将最新的信息更新到社区中，同时各位读者也可以将遇到的问题反馈到论坛中，区块链兄弟的技术专家将会及时回答各位读者的提问。

　　最后祝愿各位读者能够通过本书掌握区块链项目开发的精髓，能早日驾驭区块链技术，为区块链技术的落地贡献自己的力量。

推荐阅读

华章鲜读
先人一步读好书

以太坊作为相对成熟的区块链底层开发平台，已占据当今全球落地区块链项目中的绝大多数，未来的市场需求不可估量。

本书由华信区块链研究院三位资深专家撰写，全面、系统、深入地对以太坊开发技术和方法进行了细致讲解，其中部分章节内容更是围绕未来市场走向而设定，颇具前瞻性，对于区块链方向中高级读者的阅读大有裨益。

王 欣

史钦锋

程 杰

本书同步写作专栏已在华章全新知识产品"华章鲜读"上线，扫码成为本书"鲜友"，即刻享受如下特权：

1、作者写作开始，以"章节"为单位及时发布电子书，真正做到边写边读，先人一步读好书。

2、专属社群与作者、编辑深度交流，本书内容逢问必答。

3、免费获赠作者亲笔签名版纸书。